银龄时代——中国老龄社会研究系列丛书

杜 鹏 主编

中国城镇中老年人收入研究

杨 慧 / 著

中国人口出版社
China Population Publishing House
全国百佳出版单位

图书在版编目(CIP)数据

中国城镇中老年人收入研究 / 杨慧著. -- 北京 : 中国人口出版社, 2019.12

(银龄时代 : 中国老龄社会研究系列丛书 / 杜鹏主编)

国家出版基金项目

ISBN 978-7-5101-6815-4

Ⅰ.①中… Ⅱ.①杨… Ⅲ.①城镇-中老年人问题-居民收入-研究-中国 Ⅳ.①D669.6②F126.2

中国版本图书馆 CIP 数据核字(2019)第265464号

中国城镇中老年人收入研究

ZHONGGUO CHENGZHEN ZHONGLAONIANREN SHOURU YANJIU

杨 慧 著

责任编辑 何 军 刘 姝
装帧设计 刘海刚
责任印制 林 鑫 单爱军
出版发行 中国人口出版社
印　　刷 北京柏力行彩印有限公司
开　　本 787毫米×1092毫米 1/16
印　　张 12.75
字　　数 200千字
版　　次 2019年12月第1版
印　　次 2021年1月第2次印刷
书　　号 ISBN 978-7-5101-6815-4
定　　价 68.00元

网　　址 www.rkcbs.com.cn
电子信箱 rkcbs@126.com
总编室电话 (010)83519392
发行部电话 (010)83510481
传　　真 (010)83538190
地　　址 北京市西城区广安门南街80号中加大厦
邮政编码 100054

序　言

欣闻杨慧的博士论文将以专著形式出版，作为她的导师，很为她感到高兴。杨慧非常勤奋刻苦，用攻读博士学位的三年时间打下了良好的理论基础，全面提升了科研能力和组织协调能力，并在我的指导下参与了十项课题研究，发表了七篇核心期刊论文，获得了中国人民大学首届“学术之星”等十项表彰奖励，为其师弟、师妹树立了良好的榜样。

杨慧在博士论文选题过程中，注意到收入差距扩大对低收入群体，特别是对老年人带来的冲击，也注意到国外已有大量相关研究。在我国收入差距不断扩大过程中，伴随人口老龄化程度不断提高，老年人口规模不断增加，对老年人收入差距进行专门研究尤为必要。然而，国内对老年人收入来源与构成研究较多，对老年人收入水平及其与中青年人收入差距的研究较少，特别是对改革开放以来较长时间周期的中老年人收入代际差距研究更为少见。在与我多次讨论后，她最终确定了这一研究主题，并经过不懈努力圆满完成了博士论文。

该博士论文的最大价值在于首次全面展示了35年来我国城镇中老年人收入代际差距及其变化趋势。该研究显示，1980～2005年，我国老年人年均离退休金占在职人员年均工资的比例由93.70%降至58.60%后，到2015年进一步下降到45.53%，收入的代际差距、行业差距及单位类型差距越来越大。伴随城镇中老年人收入水平普遍大幅提高、收入差距不断扩大，年龄对中老年人收入水平具有先减后增的影响，收入性别差距具有广泛性、持久性、累积性特征。分地区看，中部地区老年人收入水平最低、西部地区老年人收入性别差距最大。

该博士论文的另一个重要价值在于对泰尔指数的引入。泰尔指数是衡量总差距中组内差距和组间差距贡献的有效方法。杨慧首次将泰尔指数引入老年学研究领域，并以此测量中老年人收入的组内组间差距，对于拓展泰尔指数运用范围、丰富老年学研究方法具有重要作用。

我国正在经历最为广泛而深刻的变革，该变革为理论创新提供了广阔空间。杨慧不负时代召唤，运用独特研究视角，大胆进行理论探索，在博士论文中创造性地提出了中老年人收入代际差距理论和老年女性收入双重弱势理论，丰富了我国老年学理论的探索。当然，这两个理论假说是否具有普遍意义，还有待进一步研究、检验。

我相信该博士论文将把我国中老年人收入差距研究推向新的高度，也衷心祝愿杨慧在今后能百尺竿头更进一步，为探索我们中老年人收入变化的客观规律、促进社会经济平衡和充分的发展做出新的贡献。

中国人民大学副校长、教授、博士生导师
中国老年学和老年医学学会副会长
杜鹏

目　录

第1章

绪论

收入分配事关民生、民本(孔泾源,2005)。改革开放以来,居民收入差距超出国际警戒线并呈直线上升的趋势(何娅,2007)。在《世界发展报告2007》(World Bank,2007)提供的126个国家的基尼系数中,亚洲只有尼泊尔和马来西亚的基尼系数高于中国,其他高于中国的27个国家均来自拉美地区。而在KNOEMA(2016)提供的不包括中国在内的全球基尼系数最高的10个国家排行榜中,哥伦比亚以0.508位列榜首,第5位的是巴拉圭(0.479),第6位的多米尼加共和国基尼系数为0.453。国家统计局数据(2017)显示,中国2016年基尼系数为0.456,据此计算,中国基尼系数位列全球第6位。由此可见,经过十年的发展,中国基尼系数不但在亚洲最高,而且超过了很多拉美地区的国家。

收入差距超过合理限度,将损害低收入者利益,影响社会经济发展。目前,我国居民收入差距已引起广泛关注。随着我国人口老龄化程度的不断提高,我国60岁及以上老年人口规模越来越大。在人口总体收入差距不断扩大的情况下,老年人和中年人口的收入差距更应该加以关注。因此,结合人口老龄化形势日益严峻和收入差距不断扩大的社会背景,系统研究我国城镇居民收入以及居民收入的代际差距问题,已成为老年学、经济学跨学科研究中重要而紧迫的课题。

1.1 提出问题

随着我国人口老龄化程度的不断提高,我国60岁及以上老年人口已由2000年的1.3亿(邬沧萍、杜鹏,2007)增加到2017年的2.41亿左右(国家统计局,2018),预计到2030年将增加到3.48亿人(杜鹏等,2005)。在基尼系数不断扩大、收入不平等程度不断加剧的背景下,越来越多的老年人与青壮年人口的收入差距是否也在扩大呢?如果扩大,那么这种差距扩大的现象是否合理呢?对于不合理的收入差距,应该如何有针对性地缩小收入差距呢?在人口老龄化背景下,这些问题更值得深入研究。

本研究以“中国城镇中老年人收入差距”为主题,主要是基于对收入差距研究的重要性、人口老龄化及老龄问题、研究老年人收入问题的必要性、研究老年人收入代际差距的理论意义及其现实意义等几个方面综合考虑的结果。

1.1.1 收入差距研究的重要性

在经济增长理论和发展经济学中,收入差距是一个经久不衰的话题。我国自改革开放以来,在经济建设取得了巨大成绩的同时,除个别年份外,居民收入差距不断扩大。事实证明,经济持续繁荣带来的不是社会自动和谐,社会问题随之滋生,这对社会的持续稳定与进步构成了危害(胡联合、胡鞍钢,2006)。正确认识和妥善处理收入分配问题,加快推进收入分配体制改革,已经成为当前经济社会发展的重大议题,也成为对党和政府执政能力、建设社会主义和谐社会的重要考验(孔泾源,2005)。因此,对于中国居民收入分配问题，中外经济学家、政府官员和大众媒体都极感兴趣（阿齐兹·拉曼·卡恩，2007；周文兴，2005）。

近年来，我国城镇居民收入差距的持续扩大，给人们的生活质量和行为观念带来巨大的冲击，同时，引起了国内外各界的广泛关注，收入差距已成为影响中国社会经济生活的重大社会问题（任红艳，2006）。进入21世纪以来，结合人口老龄化状况，系统研究城镇老年人收入，并且在收入差距不断扩大的背景下，研究老年人与中年人收入的代际差距问题，已成为老年学、经济学等跨学科研究中重要而紧迫的课题。

本研究对中国城镇中老年人收入进行研究，有助于把握我国城镇居民收入的代际差距状况和发展趋势；有助于丰富并完善居民收入理论；在对不合理代际差距进行分析的基础上，有针对性地提出对策建议，有利于从收入方面践行以人为本、包容、共享的发展理念。总之，在经济社会急剧转型时期研究城镇居民收入的代际差距问题，既有利于丰富跨学科的研究成果，又有利于促进代际和谐，维护社会安定团结，具有重要的理论和实践价值。

1.1.2 我国人口老龄化趋势

人口老龄化程度快速提高。2000年第五次全国人口普查时，我国65岁及以上老年人口为8 827万人，老年人口占总人口的比例为7.0%，60岁及以上老年人口比例为10.3%（邬沧萍、杜鹏，2007）。到2017年60岁及以上老年人口达24 090万人，老年人口比例达到17.33%，65岁及以上老年人口达15 831万人，老年人口比例已达到11.39%（国家统计局，2018）。预计到2030年，我国60岁和65岁及以上老年人口将分别达到3.48亿人和2.36亿人，老年人口比例也相应提高到24.1%和16.3%（杜鹏等，2005）。人口老龄化过程要求我们应立足于代际研究视角，在未富先老和收入差距不断扩大的宏观背景下，对越来越多的老年人收入状况及其与青壮年收入的代际差距进行比较性、系统性分析研究。

退休金与在职职工工资的关系。随着人口老龄化程度不断提高，在退休人口规模和退休人数占在职职工比例不断提高的同时，退休金总额占在职职工工资总额的比例也相应提高。2000 年职工工资总额为 10 656.2 亿元，2005 年提高到 19 789.9 亿元；退休金总额分别为 2 733.3 亿元和 5 253.2亿元（国家统计局，2007），退休金总额占职工工资总额的比例由 25.65%提高到 26.54%。与此同时，2000 年职工人均工资由 9 371 元提高到 2005 年的 18 364 元（国家统计局，2007），人均退休金却仅由 2000 年的 7 190 元提高到 10 761 元，人均退休金占在职职工工资的 76.73%下降到 58.60%。基于人均收入的比较，退休金与在职职工工资的差距却以更快的速度加大。

此外，根据《中国劳动统计年鉴 2016》城镇单位就业人员年末人数、城镇单位就业人员工资总额、全国基本养老保险参保人数情况和历年全国基本养老保险基金情况可见，2006～2015 年，我国城镇单位就业人员数由 11 713万人增加到 18 062 万人，城镇单位就业人员工资总额由24 262.3亿元增加到 112 007.8 亿元；全国退休人员由 4 635.4 万人增加到 9 141.9 万人，城镇职工基本养老保险基金支出金额由 4 896.66 亿元增加到 25 812.73 亿元，人均退休金占在职职工工资的比例由 49.13%下降到 45.53%。

在物价不断上涨的过程中，增长缓慢的退休金必将在保障和提高退休人员生活质量方面受到一定限制。2005 年全国 1%人口抽样调查显示，离退休金、养老金占我国城镇老年人主要生活来源的 45.39%，37.02%的老年人依靠家庭成员供养（男性和女性老年人依靠家庭成员供养的比例分别为 20.22%和 52.27%）。[①] 第四次中国城乡老年人生活状况抽样调查结果显示，2014 年城镇老年人保障性收入比例为 79.40%，这表明城镇老年人以

① 根据国家统计局 2005 年全国 1%人口抽样调查，各地区分性别、主要生活来源的老年人口和各地区分性别、主要生活来源的老年人口（镇）相关数据计算得来。

退休金为保障性收入为主，比2005年增加了34个百分点。

1.1.3　研究老年人收入的必要性

随着社会经济的快速发展，在居民收入不断提高的过程中，居民收入的地区差距、城乡差距和行业差距等都表现出不断扩大的趋势。老年人作为人口总体的重要组成部分，其收入与中老年人收入的代际差距呈现哪些特点和变化趋势？产生收入代际差距的主要原因是什么？居民收入代际差距将对老年人的生活质量以及社会经济发展状况产生什么影响？国务院为了维持和提高企业退休人员收入，在2005～2016年连续12年增加企业退休金，实现企业退休人员养老金"十二连涨"的效果如何？

对于我国居民的收入差距问题，已有大量中外学者进行了细致的研究，有关老年人收入问题，同样引起了诸多学者的关注和研究。其中李若建（2007）对广州市老年人收入差距格局进行了纵向研究；杜鹏（2003）、杜鹏和武超（2006）研究了老年人的主要生活来源；爱德华·帕默和邓曲恒（2005）分析了老年人收入构成和收入不平等。

以上文献为认识和把握我国居民收入差距问题提供了丰富的研究成果。但是，由于研究视角和研究重点不同，以上研究很难回答居民收入代际差距问题。本研究将在以往研究的基础上，从老年人和中年人的代际关系视角，利用等分法、比值法、泰尔指数法和多元回归法对我国居民收入代际差距进行系统研究，以期准确刻画我国老年人的收入状况及其与中年人收入的代际差距，以便进一步丰富对我国居民收入差距的认识，为提高老年人退休收入、改善老年人收入状况提供数据支持。

1.1.4　研究居民收入代际差距的理论意义

开创居民收入代际差距的研究领域。在经济学有关收入分配的研究中，由于以往学者未能加入年龄视角，常常将老年人和其他人群混为一谈。

因此,经济学一般仅研究收入地区差距、城乡收入差距、行业收入差距和职业收入差距等问题。即使少数经济学研究考虑了年龄因素,其年龄上限仅为68岁(尹恒等,2006),而对大于该年龄老年人的收入状况不得而知。因此,仅基于经济学方面的研究成果,我们很难获得老年人和中年人的收入差距。

虽然社会学、人口学和老年学研究人员在收入研究中纳入了年龄变量,但由于受到调查数据的限制,一般把研究对象的年龄限定在60岁或65岁及以上,因此,很难将老年人的收入状况和中年人群体收入进行比较分析。这就形成了老年人和中年人收入代际差距研究的薄弱环节。本研究正是通过运用老年学和经济学知识,以代际视角为基础,将不同年龄组纳入收入问题研究之中,并进行对比分析,从而弥补城镇居民收入代际差距的研究不足。

引入居民收入代际差距的衡量指标。随着对收入分配问题研究的不断深入,经济学界用于衡量居民收入差距的指标越来越多,对收入差距衡量的准确性也越来越高。泰尔指数(Theil index)是泰尔(Theil,1967)利用信息理论中的熵概念计算收入不平等性,用来衡量个人之间或者地区之间收入差距的指标,该数值越小说明不均衡程度越小。泰尔指数的最大优点是衡量组内差距和组间差距对总差距的贡献(孙靖、黄海滨,2007)。该优点曾经得到过世界银行原高级副行长和首席经济学家弗朗索瓦·布吉尼翁(Francois Bourguignon)的详细阐述。然而,在经济学研究中,泰尔指数一般主要在全体居民、不同行业、职业、城乡差异等领域经常使用,对于衡量不同年龄组的收入差距,在以往的研究中尚不多见。

而老年学研究一般仅使用收入来源、收入构成指标衡量老年人收入及其影响因素,较少与中年人收入进行比较研究。本研究通过将经济学和老年学两方面的研究领域进行有效结合和相互借鉴,在老年学领域引入泰尔指数,从老年人和中年人的代际视角,对居民收入代际差距进行实证研究。

完善居民收入分配的相关理论。以往研究表明，收入分配问题是一个理论争端异常激烈的领域（周文兴，2005）。它不但涉及每个人所处的利益地位，而且涉及每个人对利益分配时的判断立场，因此，利益分配研究一直很难成为"科学"的研究，同时也带有太多"价值观"的因素（张平，2003）。

从20世纪初到现在，没有任何一个经济问题比收入分配更令人感兴趣，但也没有任何一个经济问题像收入分配一样那么缺少科学研究，这一判断一直延续至今。牛津大学的经济学教授、世界著名的经济学家阿梯金森（A. B. Atkinson）认为，"我们对收入分配知道的还不够多，也没有形成完整的经济理论，这依然是一个挑战"（张平，2003）。

在我国经济转型时期，居民收入的地区差距、城乡差距、家庭差距和个人差距不断扩大。我国不但是一个人口大国，而且是一个老年人口最多的国家。经济转型为深入研究老年人收入提供了很好的研究时机，老年人口大国为收入分配提供了良好的研究对象。本研究通过研究我国老年人口与中年人口收入的代际差距，对于开创老年学与经济学研究的交叉领域，丰富并完善相关收入理论，具有重要的理论意义。

1.1.5 研究居民收入代际差距的现实意义

把握居民收入的代际差距。我国经济正在进入一个全面建成小康社会的攻坚阶段，必须充分关注民生，推动经济社会协调、可持续发展。在我国经济高速增长的进程中，城乡收入差距、地区收入差距、居民个人收入差距以及不同行业，甚至部门之间的收入差距等都有不同程度的扩大。这种扩大已引起社会的普遍担忧，同时，人们也对不公平的收入分配现象表现出了极大不满，对和谐社会建设产生了负面影响，我们必须加以重视（李实，2007）。

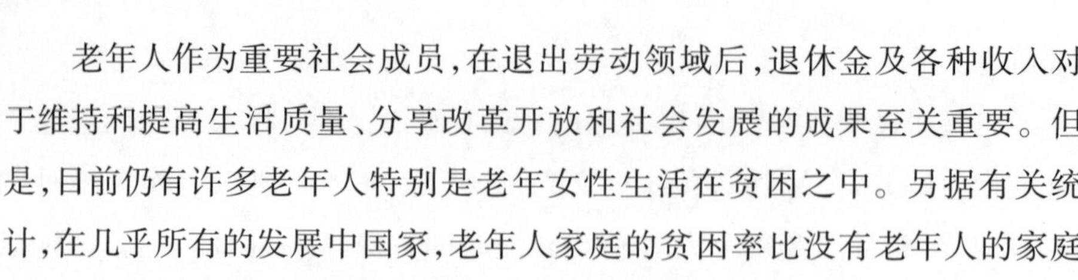

老年人作为重要社会成员，在退出劳动领域后，退休金及各种收入对于维持和提高生活质量、分享改革开放和社会发展的成果至关重要。但是，目前仍有许多老年人特别是老年女性生活在贫困之中。另据有关统计，在几乎所有的发展中国家，老年人家庭的贫困率比没有老年人的家庭高出29个百分点（Gorman，2004）。

然而，在以往诸多收入差距研究中，缺乏把老年人作为亚人口群体的研究，这为准确了解和把握老年人与在职人员的收入差距带来了一定的限制。那么，在各种收入差距不断扩大的情况下，居民收入代际之间的差距是否也存在不断扩大的态势呢？如果存在这种差距和趋势，同样不利于代际和谐和社会和谐。

研究指出，协调收入分配关系、构建和谐社会是摆在我国经济社会全面协调发展战略面前的一个重要选择和挑战（左学金，2006）。只有深刻认识和全面把握居民收入的分配问题，才能有效协调各种收入差距的关系，应对收入分配带来的挑战。居民收入代际差距作为居民收入问题的重要组成部分，对于认识和把握我国居民收入分配问题至关重要。本研究试图从老年人收入状况入手，分析和把握我国居民收入代际差异的具体表现形式和发展趋势。这对于更好地协调收入分配关系，构建和谐社会具有重要意义。

为提高老年人收入提供政策依据。基于以往关于居民收入的研究，虽然我们能够做出居民收入差距不断扩大的判断，也能够判断出老年人收入普遍偏低的状况，但是，老年人收入与中年人收入的差距到底有多大？哪些老年人的收入状况最差？以往研究尚不能很好地回答。

此外，由于受生命历程、性别和平均预期寿命等多重因素的影响，老年女性无论是在数量上，还是在老年人比例方面都占有绝对优势。但是，老年女性的经济地位普遍低下，其生活来源依靠家庭成员供养的比例高于男性老人。因此，对于我国专门针对老年人尤其是老年女性的收入政策是否应该调整、应该如何调整的问题，很值得我们进行研究。本研究通过分析居民收入代际差距，将在一定程度上为完善我国老年收入政策、提高老年人生活质量、促进和谐社会构建提供一定的政策依据。

为稳步提高企业退休人员的生活水平，同时解决体制转轨带来的企业与机关事业单位退休人员待遇差距问题，我国已从 2005 年起连续 12 年提高了企业退休人员基本养老金水平。那么，该政策对于缩小企业退休人员与其他群体的收入差距发挥了什么作用？从政策执行和项目评估层面而言，这些问题很值得研究和讨论。本研究力图展现该政策在缩小居民收入代际差距及老年人收入的行业差距方面的社会意义。

总之，关于居民收入及其收入差距问题，赵人伟、李实等国内权威经济学家已进行了卓有建树的研究，为推动我国收入差距研究奠定了良好的基础。但是，由于缺乏年龄别视角，关于收入差距的研究一般不对年龄组进行区分，除非在他们研究在职职工工资时，将老年人剥离出去，因此，经济学界在研究中一般不太关心老年人的收入问题。

对于老年人收入而言，邬沧萍教授、杜鹏教授等人口学界和老年学界的权威专家已发表了代表性论文，对于拓展老年学研究领域、提高老年人福祉，发挥了重要作用。然而，由于研究视角的不同和数据限制，未能将中老年人的收入状况进行对比分析。

基于对居民收入代际差距问题进行系统研究的必要性、理论与现实意义，本研究将以“我国城镇中老年人的收入研究”为题，对居民收入代际差距进行细致研究。

1.2 研究方案

综上所述，在吸纳以往收入分配研究成果的基础上，本研究对城镇居民收入状况及其代际差距进行全面刻画，完善居民收入分配的相关理论，

为继续缩小不合理的代际收入差距提供对策建议，构成了本研究的研究目标。本研究方案主要包括概念界定、研究目标、研究框架、研究方法、研究内容五个部分。

1.2.1 概念界定

本研究主要涉及城镇、老年人、收入及代际差距等几个重要概念。

（1）城镇和城镇居民

城镇既是一个统计概念，又是一个建制单位，同时还具有居民身份的标签作用。基于权威性和研究表述便利，本研究中“城镇”的含义与官方含义相一致，“城镇居民”即指居住在各种类型城市或建制镇的、拥有“非农业户口”的中国公民。

（2）老年人的划分标准

年龄是衡量一个人是否步入老年的重要条件，国内外政府、学者和研究机构多以日历年龄对老年人加以界定。尽管如此，老年人的起始年龄仍然存在一定差别。考虑到我国的实际情况，本研究将在大多数情况下以60岁作为划分老年人的起点。但是为了进行国际比较或者受资料限制，甚至考虑我国男性60岁、女性55岁或50岁退休的退休年龄政策的性别差异，在比较离退休人员和在职人员工资收入时，将所有已享受离退休、退职费的人口均视为老年人。

(3)收入的概念界定

尽管收入研究文献不胜枚举，但真正对收入概念进行细致界定的研究并不多见，大多数研究在文中直接以基尼系数或泰尔指数等指标对收入进行衡量，但其收入具体包括哪些方面，读者一般不得而知。众所周知，收入是一个非常复杂的概念，既包括国民收入，又包括居民收入；既包括正常收入，又包括非正常收入；既包括合法收入，又包括非法收入；既包括劳动所得，又包括财产收入和转移性收入；等等。由于收入涉及的内容十分广泛，所以即使是在仅有的收入界定中，不同学者或研究机构对收入的界定仍未达成一致意见。本研究将对以往有代表性的收入界定进行分析后，在吸取精华、弃其糟粕的基础上，引出本研究的收入概念。

本研究将收入定义为包括各种奖金，补贴在内的劳动收入，经营者获得的股息、利息等经营性收入以及离退休金、馈赠等在内的转移性收入和其他各种收入。

(4)代际的概念界定

在研究代际差距之前，需要首先对“代”进行界定。一般而言，“代”是指世系的辈分，它是在时间刻度上对于不同时期人的一种划分。徐征和齐明珠(2003)认为，可以从三个方面来理解“代际”：一是从纵向的历史角度考察不同代人，即不同的人口(出生)队列；二是家庭内部的代际，即个人在家庭中所处的“代际”位置；三是每个人在一生所经历的不同年龄段，如青年、中年和老年。

中国代际关系研究课题组(1999)在“中国人的代际关系：今天的青年人和昨天的青年人实证研究”中，将16～22岁称为青年人，40～46岁称为中年人，64～70岁为老年人，两代人的年龄间隔为24岁。该划分方法既考虑了国际老龄协会的要求，又与中国妇女生育孩子的平均年龄一致(“中国代际关系研究”课题组，1999)。

以往研究根据出生时间、行为观念、社会经历和社会背景等标准，分别将人们划分为三代、四代和五代。由于学界对“代”的划分尚未形成统一标准，划分结果缺乏一致性，但时间仍然是划分“代”的主流标准。

虽然《中国统计年鉴》及其他相关文献将劳动年龄界定为15～64岁，鉴于受教育年限的不断延长和就业年龄的推迟，本研究将20岁作为有收入年龄的起点，即将20～59岁作为中青年人口，将60岁及以上人口作为老年人口，广义收入代际差距是指20～59岁与60岁及以上老年人口的收入差距。

为了研究老年人和中年人的收入差距，本研究分别以每 20 年为一代研究狭义的代际关系，具体表现为 40 ~ 59 岁中年一代和 60 ~ 79 岁老年一代的收入代际关系。

1.2.2 研究目标

揭示我国城镇居民收入代际差距及其变化趋势。1978 ~ 2018 年，40 年的改革开放使我国社会经济发展发生了翻天覆地的变化，收入分配政策由高度平均主义转变为按劳分配为主体、多种分配方式并存的分配政策，在人们收入普遍提高的同时，收入差距不断拉大。那么，从代际视角着眼，改革开放以来，居民收入是否存在代际差距呢？如果存在收入代际差距，该差距发生了怎样的变化？该变化趋势是否与城乡收入差距、地区收入差距的变化趋势一致？

与中年人相比，老年人作为离退休、退职的亚群体，已退出了社会生产领域，在按劳分配体制下，老年人收入与在职人员收入之间可能存在一定的代际差距。本研究将回答以下问题。第一，我国城镇中老年人在 1990 年和 2010 年的收入代际差距如何，特别是在经历 20 年经济社会发展高速增长后收入代际差距发生了怎样的变化。第二，鉴于不同区域的社会经济发展水平和人均收入各异，京津沪、东北地区、中部地区及西部地区的中老年人收入代际差距如何，1990 ~ 2010 年收入代际差距发生了怎样的变化。第三，在行业间收入差距总体扩大情况下，不同行业间中老年人收入差距以及该差距究竟发生了何种变化。高收入行业、低收入行业及中等收入行业的中老年人收入差距怎么样。第四，对城镇中老年人总体以及分区域、分行业中老年人收入的性别差距进行分析研究，在回答男女收入性别差距及其变化趋势的基础上，系统回答城镇中老年人收入性别差距的代际差距、时期差距。

对收入代际差距的影响因素进行回归分析。以往研究发现，收入与年龄、工作经验和教育水平密切相关,并存在性别差距。此外,收入与经济和社会制度变迁、收入分配政策等其他因素相关。那么,收入的代际差距是否也与以上影响因素相关?本研究将在以往理论模型的基础上,通过改进并完善回归模型,利用收入调查截面数据,从代际角度对收入差距的影响因素进行检验。

总而言之,本研究通过把握城镇居民收入的代际特征,完善居民收入分配的相关理论,为缩小城镇居民收入差距提供依据。

1.2.3 研究框架

(1)理论基础

在古典经济学的发展过程中,自从大卫·李嘉图对收入分配进行专门研究后,经济学中有关个人收入分配理论的争论就一直没有停止过。其中,最重要的分配理论包括功能性收入分配理论和规模性收入分配理论。功能性收入分配理论主要研究劳动、土地和资本等各种生产要素与个人收入的关系,其代表人物有李嘉图、萨伊、马克思和克拉克等。规模性收入分配理论,又称个人收入分配理论,它强调个人、家庭或某一阶层收入占总收入的比例关系及其变动,其代表人物有帕累托、库兹涅茨和克拉维斯等(冯文荣等,1996)。

1960 年,舒尔茨在美国经济学年会上所做的“人力资本投资”的演讲被称为人力资本理论创立的宪章。该理论认为收入差距来自后天学习所获得的人力资本差异,而不是来自能力论中的天生能力决定收入的差距。基于对教育投资与未来收入预期联系中的贴现率分析,莫迪格里安发展了生命周期收入理论,并对劳动收入和财产性收入进行了描述。此后部分经济学家对生命周期中老年人与年轻人之间的收入不平等进行了研究(张平,2003)。

Juhn 等在 1993 年提出了技巧性技术变革假说(Skill - biased Techno-

logical Change,SBTC),该假说认为,计算机的广泛应用,通过增加操作者的教育、技术和经验,进而导致了收入不平等。

尽管收入分配理论经历了近200年的发展,但是,从20世纪初到现在,经济学家大都感到缺少令人满意的收入分配理论。世界著名的经济学家阿梯金森(A. B. Atkinson)认为,我们对收入分配知道得还不够多,没有形成完整的经济理论,这依然是一个挑战(张平,2003)。

由于我国实行按劳分配为主体、多种分配方式并存的收入分配制度,与西方代表性收入理论相比,我国居民收入状况及其影响因素更容易受到国情的影响。随着我国居民收入差距的不断扩大,近年来,我国诸多专家学者已对居民收入的影响因素进行了大量实证研究,其理论模型和变量选择见表1-1。

表1-1 收入影响因素的主要变量①

作者与时间	数据	模型	因变量	自变量
陈宗胜、周云波,1998	1998年天津市城镇居民调查数据	多元回归模型	年收入	性别、年龄、文化程度、工龄、行业职业及职务、就业性质
Wu、Xie,2002	1996年当代中国个人历史与社会变迁调查	OLS估计,Heckman选择模型	月收入	所有制、职业、个人婚姻状况、居住地区等
Zhang、Zhao,2002	1988~1999年CHNS调查	OLS估计	月收入	地区虚拟变量、所有制、职业和行业
李实、丁赛,2003	1995年和1999年城镇住户抽样调查(简称CHIP调查)	OLS估计	年收入	所有制、单位盈亏状况、单位所在产业、地区等虚拟变量
Li,2003	1995年CHIP调查	OLS估计	小时工资	所有制、行业、省份、"文化大革命"期间下乡等虚拟变量

① 该表的大部分内容引自张车伟《人力资本回报率变化与收入差距:"马太效应"及其政策含义》一文。

续表

作者与时间	数据	模型	因变量	自变量
李雪松、詹姆斯·赫克,2004	中国城镇居民家庭收入与支出调查	局部工具变量法(LIV),考虑教育异质性 Mincer 方程	年收入	父母收入、地区、所有制类型
侯风云,2004	我国 15 个省(区、市)进行的典型调研	OLS 估计	年收入	培训、教育类型等
Maurer - Fazio, M、DinhN, 2004	2000 年城镇劳动力市场整合调查	OLS 估计	小时工资	婚姻、居住地、企业所有制、健康状况、薪水支付方法等
Li、Luo, 2004	第二轮城镇住户抽样调查(1995 年 CHIP)	GMM 估计, 2SLS 估计	小时工资	民族、父母教育水平等
Yang、Dennis Tao,2005	1988 年和 1995 年 CHIP 调查	OLS 估计	月收入	省份等虚拟变量
Fleisher、Wang, 2005	1994 年回顾性抽样调查	二阶段最小二乘法(2SLS)	年收入	"文化大革命"期间下乡年限、1969 ~ 1972 年的上学年限
齐良书,2005	中国健康和营养调查(CHNS)(简称 CHNS 调查)	Heckman 选择模型	年收入	每周工作小时数、职业和所有制类型
蒋永萍、杨慧,2013	第三期中国妇女社会地位调查	对数线性模型方法	年收入	个人因素、家庭因素、社会因素、经济因素①

基于上述模型的实证分析,在收入的影响因素方面,以往研究得出了如下主要结论。

收入与年龄、工作经验和教育水平密切相关。几乎各种研究发现,收入和工作经验之间存在牢固的关系,工作经验和年龄的收益随着教育水平的提高而增加。年龄是我国社会较为重视的一项资历性要素,不同年龄组的个人收入存在很大差距,我国的收入分配制度颇受年龄影响(赵人伟、基

① 个人因素包括性别、受教育程度;家庭因素包括婚姻状况、是否有 6 岁以下孩子、家务劳动时间;社会因素包括城乡、地域;经济因素包括所有制、职业、行业、职务、职称、工龄和正式编制。

斯·格里芬,2007)。

收入存在性别差距。女性在多数社会的劳动市场普遍受到歧视,歧视方式主要表现为职业隔离和工资待遇两个方面。女性的教育和培训机会少于男性,即使做同样的工作,其工资也会比男性低(赵人伟、基斯·格里芬,2007)。

收入与文化程度相关。在我国,职工的收入与文化程度正相关(赵人伟、基斯·格里芬,2007)。有学者在分析人力资本回报率的变化时发现,每增加一年教育,个人收入会随之增加4.34%(张车伟,2006)。

收入与其他因素的关系。有学者指出,个人收入差距扩大的背后原因是复杂的、多面的,既有经济和社会制度变迁的原因,也有中国经济发展过程中自有的特点,还有政策上的一些原因(李实、邱希明,2005)。体制转轨过程中的各种垄断行为,包括部门垄断、行业垄断等也是造成收入分配不平等加剧的原因(赵人伟、李实,1997)。此外,老年人作为退出工作领域的特殊群体,养老金是其第一收入来源,养老金水平与退休前的单位性质和职业具有密切关系(范彦萍,2007)。

基于人力资本和生命周期理论,2003年中国社会科学院经济研究所张平博士在《增长与分享——居民收入分配理论与实证》中提出了收入函数,该收入函数是指劳动者的收入是由劳动者自身的特征所决定的,包括与人力资本变量高度相关的教育与工作年限,与生命周期相连的年龄,讨论了劳动者的供给特征对收入的影响,此外,还加入了性别、居住地域、职业、行业和雇用企业类型等变量。收入函数具体模型形式:

$$Y = a + \sum b_i \times X_i + \varepsilon \tag{1-1}$$

Y 为劳动者单位时间收入,a 为常数,b_i 为在其他所有变量假定不变的情况下,社会特征变量对收入的贡献,X_i 为劳动者社会特征的哑变量,ε 为随机误差项。

赵人伟、基斯·格里芬(2007)利用1988年的收入调查数据,分别将性别、年龄、教育、职业、所有制形式、不同经济部门、省份影响、企业改革等因素纳入收入函数中,分析了城市工资差异的原因。其中,在所有制形式中仅包含了工业企业的所有制,不同经济部门仅包含了制造业和社会行政两类经济部门。

以往研究所用变量基本涵盖了性别、年龄等人口学变量,民族、文化程度、婚姻状况、地区特征、行业、职业、所有制类型、父母收入、单位盈亏、上山下乡等各种社会学和经济学变量。由此可见,这些对收入影响因素的研究已基本涵盖了社会经济发展的各个方面,已为收入研究和改善居民收入状况做出了巨大贡献。

但是,由于时代特征、以往调查数据的限制和研究视角的不同,关于行政职务、技术职称和工作状况对收入的影响,以往研究考察还不太充分。基于转型期工作状况的不稳定性和职务技术对收入可能产生的重要影响,本研究还可以在代际研究的视角下,运用不同的数据和方法,对我国居民收入差距的影响因素加以丰富和完善,这样,我们就可以更加全面地认识我国城镇居民收入差距的影响因素。

(2)模型构建

以往研究着重分析了性别、年龄、受教育程度、单位性质及地区差异的影响,对于技术职务和工作状况对收入差距的影响,还有待不断完善。因此,本研究在收入函数的基础上,在考察收入影响因素时,分别增加了单位性质和职务技术影响因素;此外,由于研究视角集中在老年人与中年人收入的代际差距,因此,在代际界定时将各个年龄的被访者分别划分为老年人、中年人不同年龄组,并用年龄组替换了以往研究中的年龄变量,重新构建了影响收入代际差距的回归模型(图1-1)。

完善后的模型可用如下收入函数表示:

$$Y_i = \alpha + aSEX_i + bAGE_i + cEDU_i + dSRU_i + eEIA_i + fMAG_i + gREG_i + hPOS_i + iHHC_i + jOCC_i + \varepsilon_i \tag{1-2}$$

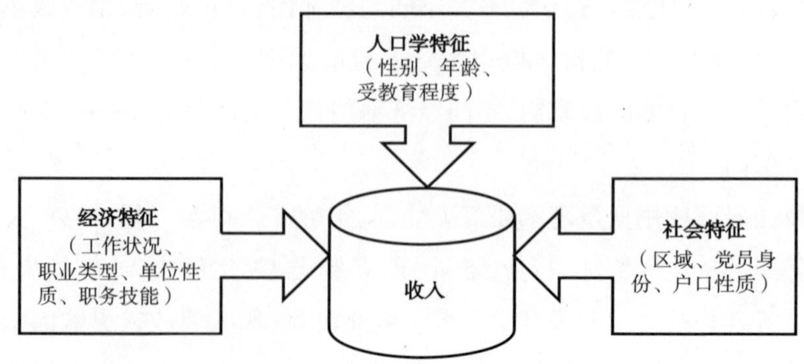

图 1-1　收入差距的影响因素

Y_i表示第 i 组的收入水平，a 作为分组对标志变量，控制分组的特征变量对收入的影响，SEX_i 指第 i 组性别对收入的影响，AGE_i 表示指第 i 个年龄组对收入的影响，EDU_i 表示指第 i 个受教育程度对收入的影响，SRU_i 表示指第 i 个工作状况对收入的影响，EIA_i 表示第 i 个单位性质对收入的影响，MAG_i 表示第 i 个职务技能对收入的影响，REG_i 表示第 i 区域对收入的影响，POS_i 表示指第 i 种政治身份对收入的影响，HHC_i 表示指第 i 种户口性质对收入的影响，OCC_i 表示指第 i 种职业类型对收入的影响。ε_i 假设是独立于以上自变量的随机变量，服从正态分布。

（3）研究思路

本研究在提出问题的基础上，首先对国内外相关研究文献进行回顾与评述后，参照以往收入差距分析的模式，①运用 1990 年和 2010 年中国妇女社会地位调查数据进行实证研究，分别按照样本总体、东中西地区、不同行业、不同单位类型的顺序，对被访者的收入状况和代际差距进行比较分析，其次提出了居民收入代际差距理论和老年女性收入双重贫困假说。针对

① 以往有关收入差距的研究，多是从东中西地区差距和不同行业间的收入差距进行比较分析，详见陈宗胜、周云波（2002）《再论改革与发展中的收入分配》，赵人伟和基斯·格里芬（2007）《中国居民收入分配研究》，以及第 2 章关于收入差距表现形式部分的文献回顾。

实证研究发现的不合理代际差距,提出了相应的对策建议。最后是全文的研究结论与理论创新和不足。

1.2.4　研究方法

本研究针对所要研究的收入代际差距问题,分别采用了历时性分析法、对比性分析法、多元 Logistic 回归分析法和相关统计分析法等(图 1－2)。

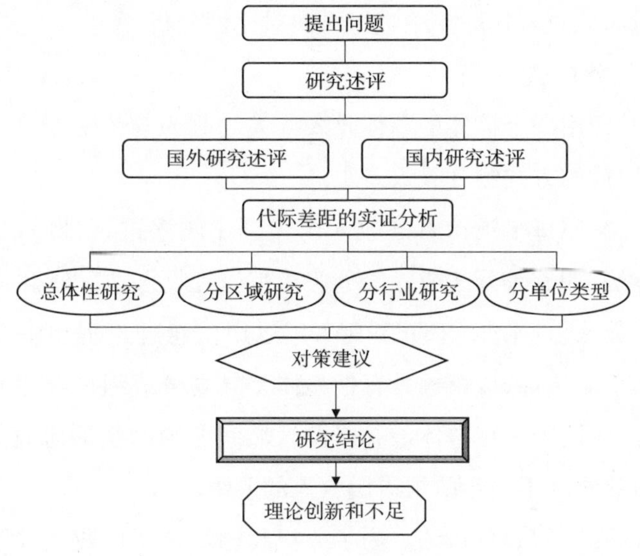

图 1－2　研究框架

(1)历时性分析法

从事物的发展过程中考察事物本身的分析方法。在研究中,主要是对 1980～2015 年在职职工平均工资以及人均离退休、退职费进行研究,此外从 1990 年的城镇居民收入分配的代际差距及 2010 年代际差距的变化趋势出发,分析和解决居民收入代际差距过大的现实问题。

(2)对比性分析法

大多数研究文献对收入差距测量是以一个年度的住户或个人收入为基础的,反映的只是该年度收入分配的静态分配格局。由于收入是一个动态的变化过程，仅研究收入分配的静态格局，尚无法全面认识收入分配的变化过程。因此，本研究首先利用 1990 年第一期中国妇女社会地位调查的截面数据，对不同区域、不同行业的居民收入的代际差距进行对比分析，以此获得该年度居民收入代际差距的横向差异。此外，本研究又将 2010 年第三期中国妇女社会地位调查数据与 1990 年第一期调查数据进行系统的对比分析，以此获得 20 年间城镇居民收入代际差距的变化趋势，即本研究从时间序列对居民收入代际差距进行纵向对比性分析。

(3)统计分析法

比值法，即用一个群体的总体收入或人均收入与另一个群体或个人进行比较，以比值的方式测度收入差距。

等分法，按照每个被访者的收入由大到小顺序进行排序，分别按照人数相等的方法，如五等分法或三等分法对被访者收入进行分组。

泰尔指数法，是泰尔(Theil)1967 年运用信息理论提出一个可以按加法分解的不平等指标，该指标具有把整体差异划分成组内与组间差异的特性，已被广泛应用于区域整体差异以及区域间差异的实证研究。本研究将通过泰尔指数测度不同年龄组居民收入的差距。

多元 Logistic 回归分析法。为了分析我国城镇居民收入代际差距的影响因素，本研究分别使用了相关分析法和多元 Logistic 回归分析法，从而获得对城镇居民收入差距具有显著影响的相关因素，为缩小不合理的收入代际差距提供对策建议。

年龄—时期—队列分析法，为了同时分析 1990 ~ 2010 年老年人收入变化的年龄效应、时期效应和队列效应，本研究使用 APC 模型进行分析。

1.2.5 研究内容

本书共分 8 章，其中第 4 ~ 7 章为本书的核心内容。

第 1 章首先从理论和实践两个方面提出研究居民收入代际差异的必

要性和重要性;其次,对国内外具有代表性的收入差距问题和老龄问题研究进行简要回顾;最后,介绍了研究框架和主要研究方法。

第2章文献回顾的主要内容包括国内外对收入差距、老年人收入、代际关系和居民收入的相关理论。其中,国内外关于收入差距的主要研究内容包括对收入差距的性质判断、表现形式、影响因素、国际比较及对策建议;有关城镇老年人收入的研究主要包括老年人收入来源、劳动收入、收入分配效应及对美国老年人收入代际差距的研究;对代际关系的研究主要包括关于"代"的划分方法以及代际观念、代际间的经济关系、照料关系;有关收入理论主要包括工业制度理论、迟延工资论、经济交换论、依赖论、需求论;等等。

第3章在城镇中老年收入代际差距的研究设计中,首先,对所用指标进行界定;其次,对样本数据的选用条件进行介绍;最后,系统介绍了本研究使用的收入等分法、比值法和泰尔指数法等研究方法。在离退休金和职工工资差距的历时性分析部分,分别对1980~2015年离退休金总额和人均离退休金的代际差距进行比较分析,在企业、事业和机关离退休金差距的基础上,测算不同单位性质离退休金的行业差距。

第4章主要研究城镇老年人收入及其与中年人收入代际差异问题。第一,从有关时期数据的资料中研究不同年龄组的收入增长情况;第二,分析中年人和老年人收入代际差异;第三,分析不同性别中年人收入的代际差异;第四,通过Logistic回归模型分析城镇中老年人代际差异的影响因素,在此基础上分析城镇中老年人收入代际差异的影响结果。

第5章主要研究地区间中老年人收入的代际差异问题。首先,研究东中西不同地区中老年人收入的代际差异;其次,分析不同地区中老年人收入代际差异的性别差距;最后,对不同地区城镇中老年人收入的泰尔指数进行比较分析。

第6章主要研究不同行业中老年人收入及其代际差距问题。首先,研

究不同行业中老年人收入的代际差异；其次，分析不同行业中老年人收入代际差异的性别差距；最后，对不同行业城镇中老年人收入的泰尔指数进行比较分析。

第7章主要研究不同单位类型被访者收入及其代际差距问题。首先，研究机关事业单位被访者收入及其代际差距；其次，分析企业老年人收入及该类企业人员收入的代际差异，并对不同单位类型老年组收入及中年组收入的代际差异进行比较分析。

第8章主要是对中老年人收入及其代际差异的创新与不足。第一，在理论创新方面，将提出居民收入代际差异理论；在收入性别、年龄差异的基础上，将提出老年女性收入的双重弱势理论。第二，在方法创新方面，本研究将首次在老年学研究领域引入泰尔指数，并将其作为衡量居民收入代际差距的重要指标。第三，在内容创新方面，本研究将首次刻画我国城镇中老年人总体、分东中西和不同行业的收入代际差距，揭示收入代际差距的影响因素。第四，指出本研究存在的不足之处。

第9章主要是研究结论、创新与展望。第一，对上述实证研究发现进行归纳总结；第二，对以往改善老年人收入状况的对策建议进行评析；第三，针对上述发现提出改善老年人收入状况，尤其是改善老年女性收入状况的对策建议；第四，分别在理论创新和方法创新的基础上，指出对未来老年人收入及其代际差距的研究方向。

1.3 研究创新

在研究过程中，分别对测量指标和相关理论进行了尝试性探索与创新，具体而言，主要体现在以下几个方面。

1.3.1 理论创新

居民收入代际差异理论。不论在发达国家还是发展中国家，在以按劳分配为主的收入分配政策下,普遍存在居民收入的代际差距,只是该代际差距的大小不同。中年组的平均收入大于老年组。

老年女性收入的双重弱势理论。与男性相比,女性的收入水平低于男性;在收入的代际构成方面,老年人的收入状况总体会低于中年组。老年女性既处于老年阶段,又作为女性,在收入方面聚集了双重不利因素,其收入状况处于最低水平。

1.3.2 方法创新

引入泰尔指数衡量收入的代际差距。本研究在以往衡量收入差距的常用指标,如基尼系数、泰尔指数、五等分法、库兹涅茨比率等的基础上,首次在老年学研究领域引入收入代际差距的泰尔指数,以此衡量收入代际差距,并为以后老年学领域开展收入代际差距研究奠定了指标基础。

1.3.3 内容创新

系统刻画我国城镇居民收入的代际差距及其变化趋势。首先,呈现了我国城镇分区域、分行业、分单位类型中老年人收入的总体状况;其次,分别从中年组、老年组两个方面,比较研究城镇居民收入的代际差距;最后,分性别、分行业、分单位类型刻画了我国中老年人收入的代内差距和代际差距。

1.4 本章小结

首先,本章简要介绍收入分配及人口老龄化的背景基础上,分别介绍了对我国城镇居民收入代际差距进行研究的主要原因是基于对收入差距研究的重要性、人口老龄化及老龄问题、研究老年人收入问题的必要性、研究居民收入代际差距的理论意义及其现实意义等几个方面综合考虑的结果。

其次，本章在研究方案中分别介绍了涉及的有关收入、城镇、老年人、代际差距等几个主要概念的界定，研究目标，所使用的历时性分析法、对比性分析法、回归和相关统计分析法等研究方法和研究框架及研究内容。

最后，指出了本研究的创新之处，包括引入了衡量代际收入差距的新指标，提出了居民收入代际差异理论及老年女性收入的双重弱势理论，系统刻画了我国城镇居民收入的代际差距及其变化趋势。

第2章

国内外相关研究评述

基于收入分配问题的重要性和各界的高度关注，一直以来，国内外学者对居民收入差距的研究不胜枚举，本章仅对与研究主题密切相关的、在国内外具有代表性的研究成果进行分类梳理、简要回顾与客观评价。

2.1 居民收入理论与收入差距衡量指标的研究

2.1.1 居民收入理论研究

虽然国外也发展了贫困陷阱理论、工业制度理论和迟延工资论等几个理论，但是，在以往学者对居民收入理论的研究过程中，如张平（2003）所言，从20世纪初到现在，经济学家大都感到缺少令人满意的收入分配理论。

贫困陷阱理论是指穷人在接受社会救助时的收入并不比他努力工作时要少，或者二者相差无几，这使穷人宁愿接受社会救助而不愿努力工作，

从而陷入贫困不能自拔。其理论来源为罗格纳·纳克斯(1953)提出的贫困恶性循环理论和纳尔逊(1956)提出的低水平均衡陷阱理论(韩鹏,2007)。此外,韩鹏(2007)还在其博士论文中介绍了工业制度理论、代际交叠模型和迟延工资论的主要内容。

工业制度理论可以追溯到19世纪后期,该理论认为工业化与经济发展水平是现代老年保障制度的决定性因素,伴随经济发展,社会对服务以及提供这些服务的需求在增加,包括老年保障支出在内的公共支出应该是不断扩大的。该理论主张随着个人真实收入的增加,社会公共部分相对于私有部分的比例也应该增加(韩鹏,2007)。代际交叠模型是现收现付制的理论依据。老年人口纵向收入再分配的典型代表是现收现付制,其理论依据是阿莱(Allais,1947)、萨缪尔森(Paul. Samuelson,1958)和戴蒙德(Diamond,1965)等创立的"代际交叠模型",政府每年从年轻人那里拿走一部分劳动收入,将其转移给退休的老人,老人因收入增加而扩大消费。如果每一代人都进行同样的转移,就可以使社会福利增加,实现帕累托效率的最优(韩鹏,2007)。

迟延工资论(Deferred Wage Theory)认为企业年金是雇员劳动报酬的一部分,是职工以其全部在职服务期间所提供的劳务为代价所换取的报酬,该报酬只不过是为了特定目的,以延期支付的形式出现而已。迟延工资的计算方式是以职工全部在职服务期间为对象,退休金具有延期工资的性质。有学者认为把企业年金作为工人的真实工资的一部分更好理解(阿伯特·德·拉得,1913)。

几乎在所有的社会中,子女和代际亲属仍然是老年人获得资源的主要渠道。在经济学中,关于给予的动机有两个主要的理论:利他主义和交换理论。贝克(Beckr)指出,代际交换是基于利他主义的动机,也就是说,在父母最"需要"的时候,子女的资源会流向父母,反之亦然。互相依靠、彼此需要的代际关系营造了和谐的家庭氛围、增强了代际关系(Becker,1974)。

交换理论认为,代际关系本质上是一种经济关系或交换关系,家庭养老实际是代际产品和服务的一种经济交换。无论这种交换是采取经济形式还是采取社会形式,实际上都是代际资源交换的反映。不同年龄的人在经济活动和社会活动中处于不同的地位,他们占有的资源不同,所能创造的产品与提供的劳务不同,对社会产品及劳务服务的需求也不同。这样,在代与代之间就产生了交换的必要性(韩鹏,2007)。成年人对其子女及老人之间的供养关系就是人类为了自身的繁衍而发生在代际间的产品和劳务的一种经济交换关系(杜亚军,1990)。

依赖论认为,人在一生的三个阶段中要相应扮演三个“角色”,即被抚养者、赡养者和抚养者、被赡养者。代际关系表明,代与代之间是相互依存的,一代人不能脱离另一代人而孤立地生存下去,一代人的生存制约着另一代人的生存(阎卡林,1983)。

需求论认为,一个社会的首要责任是要满足其成员的基本生存需要,家庭就是满足需要的途径之一。随着年龄的增长、身体状况的改变,人的独立性逐渐消失,依赖性开始增强。因此,老年人应该得到家庭的关怀和照顾。在家庭无法提供照料时,可以选择其他方式(熊跃,1998)。

福利经济学“收入均等化”分配理论认为,将富人的货币收入向穷人转移,可以增加货币的边际效用和社会总经济效用,收入分配趋于合理,从而使社会满足和社会福利总量增加(彭妮娅,2013)。

贫困陷阱理论、工业制度理论、代际交叠模型、迟延工资论、利他主义和交换理论、依赖论、需求论以及收入均等化理论,分别从贫困恶性循环、工业化与老年保障、现收现付的养老金政策以及交换动机等方面概括了收入研究的理论成果,对于解释和分析社会养老保障和家庭养老保障实践,具有很好的指导意义。与其他收入理论相比,经济交换论具有较强的代际特征,即在强调人的需求、依赖和代际交换方面,充分体现了交换的连续性和代际关系。

但是,上述研究缺乏代际视角,对于研究不同年龄组居民收入代际差距问题及老年女性的收入特征,已有理论仍然不能满足新时期代际研究视角的需求,或者说,时至今日,我们仍然缺少令人满意的收入分配理论。因此,对居民收入代际差异进行实证研究,及时形成居民收入代际差异理论和老年女性收入双重贫困假说,对于准确刻画我国城镇居民收入的代际差距、丰富和完善收入理论,具有重要的理论和现实意义。

2.1.2 对收入差距衡量指标的回顾

确定收入差距的衡量指标,是进行收入差距研究的基本出发点。随着对收入分配问题研究的不断深入,学界用于衡量居民收入差距的指标越来越多,对收入差距衡量的准确性也越来越高,本部分对此进行简要回顾。

早在 1905 年,统计学家马克斯·洛伦茨(Max Lorrenz)利用累计百分数曲线,测量了社会收入或财富分配的不均等程度。此后,意大利经济学家科拉多·基尼(Corrado Gini)在洛伦茨曲线的基础上提出了基尼系数,通过测量全部居民收入中用于不平均分配部分收入占总收入的百分比,来考察居民内部收入分配的差异状况(饶卫振,2007)。虽然基尼系数已成为国际通用的、衡量收入不平等的重要指标,但由于该指标只能对总体收入差距进行描述,不能被用来进行子群体的分解(Shorrocks、Wan,2005),即在本研究中无法区分不同年龄组居民的收入差距,因此,该指标在本研究中并不适用。

收入分组法也是用来衡量收入是否平等的重要指标。其中,最常用的收入分组方法是收入五等分法,即按收入由低到高将样本排序,然后将所有排序的样本点平均分为五个等分组。此外,还有部分学者尝试了按收入聚类划分收入组的方法和收入流动(Income Mobility)方法,对不同年份居民收入位置的动态变化加以测量分析(尹恒等,2006;米建伟,2007)。在 2016 年和 2017 年的《中华人民共和国国民经济和社会发展统计公报》有关

“人民生活和社会保障”“居民收入消费和社会保障”部分，也分别使用了收入五等分法呈现全国居民的收入分配状况。

泰尔指数（Theil index）是泰尔（Theil）利用信息理论中的熵概念，在1967年提出的用以计算收入不平等性、衡量个人之间或者地区之间收入差距的指标，该数值与不平等程度正相关，数值越大表明不平等程度越大，数值越小表明不平等程度越小。泰尔指数最大的优点是可以通过将总体进行分组分析，然后测量组内差距和组间差距对总体差距的贡献率（孙靖、黄海滨，2007）。李琳（2012）在学位论文中使用泰尔指数研究了泰国国内贫困及收入差距问题；胡晶晶和曾国安（2009）用广义泰尔指数的测定方法，研究了城乡居民收入差距的变化发展及城乡差距对总体差距的影响大小。他们发现自改革开放以来，我国城镇居民收入差距、农村居民收入差距以及城乡之间收入差距皆不断扩大，并且共同作用造成我国居民收入差距扩大的趋势。

收入不良指数是指最高20%人口的收入份额与最低20%人口的收入份额之比（王霞，2005）。该指标仅能测度同一群体内部的收入差距。此外，还有极值差、最大最小系数法、标准差法、变异系数法、相对平均数法（李颖，2005；陈宗胜、周云波，2002）、倍数分析法（张平，2003）等多种方法，因其使用频率较低，不再一一赘述。

2.2　对收入差距的研究

2.2.1　收入差距的表现形式与变化趋势

由于我国地域辽阔，东、中、西部地区在经济发展和居民收入方面存在较大差距；由于部分垄断性行业的高收入状况，导致了居民收入行业差距明显；由于男女受教育水平和从业差距的影响，男女收入差距明显。由此

可见,我国居民收入差距具有多种表现形式。虽然我国城乡居民收入差距非常明显,但由于本研究仅对城镇中老年人收入差距进行系统研究,因此,不再对城乡收入差距的研究文献进行专门回顾。

(1)地区收入差距与变化趋势研究

地区收入差距在国内外研究中受到普遍关注。Robert 和 Ian(2007)通过对欧美居民 1966~2001 年最高收入组、底部 90% 收入组和跨国间最高 10% 的收入不平等进行研究发现,美国和英国收入不平等的程度大于欧洲大陆国家。国际知名经济学家、哈佛大学国际发展中心主任萨克斯教授也对中国居民收入的地区差距问题非常关注(Jian 等,1996)。国内有关居民收入地区差距的研究始于 20 世纪 80 年代末、90 年代初,代表性的学者包括魏后凯(1992),张曙光(1993),刘树成、李强和薛天栋(1994),杨开忠(1994),林毅夫、蔡昉和李周(1998),蔡昉、都阳(2000)等。以上研究普遍认为,80 年代我国居民收入的地区差距基本呈收敛态势,90 年代呈发散趋势(周文兴,2005)。有研究认为,90 年代中期我国总体居民收入差距明显扩大,该差距既包括城乡居民收入差距的老问题,又包括因财产收入差距而带来的新问题(赵人伟、李实,1997)。

与其他大多数国家不同的是,我国居民的收入差距很大一部分来自城乡之间的差距和地区之间的差距,并存在通过调整政策缩小收入差距的空间(李实、赵人伟,1999)。庄健(2007)在比较世界 36 个主要国家 90 年代中期至最近年份基尼系数的变化情况发现,世界上绝大多数国家的基尼系数为 0.3~0.5,我国的基尼系数也处在这一区间内。世界银行的一份研究报告称,80 年代以来,我国居民之间的收入差距扩大了,但收入不平等的程度按国际标准衡量仍属中等。李强(1998)将我国企业内部的收入结构与英国企业比较后认为,英国企业不同级别雇员之间的收入差距大于我国。龚红娥(2000)对我国城镇居民收入差距与同等发达水平国家的收入分配比较表明,我国城镇的收入差距在同等发达国家中居最低水平。牛飞亮(2000)将转轨时期中国城镇居民收入差距、贫困程度与欧美、亚非拉国家居民收入差距做了跨国比较分析,从国际横向比较看,我国城镇居民的收入差距现在仍处于合理性区间,但已有两极分化的趋势。

进入21世纪后,关于地区差距的研究再度兴起。董先安(2004)归纳、分析并检验了半个世纪以来我国地区收入差距演变的各种假说。王梦奎(2004)认为地区差距不仅表现在东部和中西部之间,还表现在省、自治区之间。王小鲁、樊纲(2005)使用1996~2002年我国30个省、自治区(不包括西藏)、直辖市的年度数据,对收入差距的走势进行研究发现,居民收入差距还有继续上升的趋势。虽然我国居民收入分配的不均等状况已经达到相当高的程度,但尚未出现明显的两极分化。李实和王亚柯(2005)比较1995~2002年城镇住户调查数据发现,虽然东西部企业职工之间的收入差距并未出现明显扩大或缩小的现象,但是两个地区已有的收入差距已相当大。地区间城镇居民收入绝对差距持续扩大,中、东、西部城镇居民收入水平的对比关系具有显著特点:居民收入水平呈现“流量走势”,如同江流的下游流量一般要比源头和上游渐多一样,地区间的收入水平也是由西部、中部到东部不断提高(任红艳,2006)。另有学者基于1978~2002年城乡居民的基尼系数变化情况,得出收入差距全方位扩大,垄断性部门同竞争性部门收入差距扩大,实际收入差距可能更大的结论(李实、赵人伟,2006)。即使是在分地区、分行业和分所有制城镇居民收入差距中,同样存在城镇居民收入差距持续扩大的趋势(任红艳,2007)。尹恒、李实和邓曲恒(2006)对城镇个人收入的流动性进行了经验分析,发现1998~2002年我国城镇个人的收入流动性比1991~1995年显著下降。其中1991~1995年出现的较高收入流动性,其结果是低文化程度者、退休人员等人群迅速沉入收入分布的底层,1998~2002年,收入流动性的降低使收入阶层的分化趋于稳定化。

(2)行业收入差距与变化趋势研究

研究发现,我国居民收入的行业工资差距逐年扩大。自20世纪70年代末以来,我国各行业职工的工资水平都有了很大的提高,但不同行业工资增长的速度和幅度相差很多,行业间收入差距总体上呈波动扩大趋势:垄断性行业职工收入明显高于非垄断性行业,收入分配已经开始向以脑力劳动为主的行业倾斜,服务行业工资普遍高于第一、第二产业工资,行业间收入差距的变化对总体收入差距的贡献在增加(祝洪娇,2006)。特别是90年代以后,最高收入行业与最低收入行业职工平均收入差距呈现明显的扩大趋势,从相对数来看,1978年最高收入行业的平均工资是最低收入行业的2.17倍,2004年达到3.86倍(任红艳,2006)。90代末,李强在研究我国收入差距上的问题时,曾提出了群体外的差距过大、群体内的差距过小,并认为我国收入分配问题的症结就在于此。差距拉开主要是在同行业、不同单位之间,至于在同一行业、同一单位内部,特别是在国有企业单位内部还是平均主义盛行(李强,1998)。

(3)性别年龄差距与变化趋势研究

Kevin和Leonardo(2008)研究了美国1960~2002年收入差距不断扩大的变化趋势,其中,低收入者的收入在绝大多数年份呈现下降趋势,这在男女两性中呈现了相同的变化轨迹。在收入的性别差距方面,随着女性收入的增加,男女收入不平等程度有减小的趋势。国内学者在性别收入差距研究方面认为,任何时间、任何年龄段的男性人均收入均高于女性;性别收入差距在低年龄段较小,随着年龄上升性别收入差距增大,这种性别收入差距与年龄的关系随着时间越发明显;同一个年龄段的性别收入差距,随着时间而增加;男性人均收入随着年龄上升而上升,女性人均收入随着年龄上升先上升后下降(彭妮娅,2013)。此外,我国现阶段个人收入分配差距还表现在居民内部之间。从近期发展趋势看,个人收入差距还将进一步扩大;从长期发展趋势看,个人收入差距将逐步缩小(杨强,2002)。李实和赵人伟(1999)研究的优点在于在解释收入差距扩大的原因时纳入国际视野，将我国居民收入差距的产生原因与其他国家进行了比较分析，肯定了我国通过政策调整缩小收入差距的可能性。尹恒、李实和邓曲恒(2006)研究的优点在于将部分老年人纳入分析范畴，指出了老年人在流动性强的情况下更容易步入低收入行列。

蒋永萍、杨慧(2013)研究发现，1990～2010年的20年间，男女劳动收入差别由20年前的女性劳动收入占男性劳动收入的81.7%，下降到10年前城乡女性劳动收入分别占男性的70.1%和59.6%，再到2010年调查时女性劳动收入仅占男性的67.3%和56.0%，收入性别差距不断扩大。分年龄看，城镇18～24岁女性的劳动收入占男性的81.4%，在各个年龄组中性别差距最小；随着年龄增大，劳动收入的性别差距不断扩大，30～34岁年龄组，女性的劳动收入只占男性的63.7%，此后女性劳动收入始终不到男性的70%，尤其是55～59岁，女性劳动收入仅占男性的37.3%。

(4)对收入差距表现形式的述评

由诸多学者对我国居民收入差距的研究发现，自20世纪90年代开始，我国居民收入的地区差距、行业差距不断扩大，垄断性行业及脑力劳动的职工收入明显高于其他行业。对于性别差距而言，男性收入普遍高于女性收入。但是，受调查数据及研究视角所限，即使尹恒、李实和邓曲恒(2006)在研究收入流动性时考察了68岁及以下老年人，但对于69岁及以上老年人的收入及其变化状况，我们仍然不甚了解。特别是在老年人越来越多、老年人收入普遍较低的情况下，如果始终将老年人的收入状况与中青年劳动力混为一谈，很难准确认识我国居民收入的代际差距。同时，对于同一地区、同一行业内部，中老年人收入的代际差距如何？对于不同地区、不同行业而言，哪个地区或行业的中老年人收入代际差距更大？哪个地区或行业的代际差距又相对较小？其影响因素是什么？对于男性和女性内部而言，是否同样存在代际差距？哪个性别的代际收入差距更大？在缺乏代际视角和相关数据的研究中,上述问题很难得到回答,因此,这些问题还有待基于代际视角进行深入研究。

2.2.2 收入差距扩大的性质与影响

(1)收入差距的性质判断

对于我国中老年人收入差距是否已超出合理区间、收入差距是否已出现两极分化问题,以往研究做出了不同判断,这些判断主要包括差距适度论、差距失当论或两极分化论。

差距适度论认为,根据国际上划分两极分化的标准,基尼系数达到0.5以上水平才属于两极分化,而我国目前的基尼系数尚未达到0.5。因此,我国现阶段的收入差距远未达到两极分化的程度,属于适当范围(陈宗胜,1991)。差距失当论认为,研究我国居民收入差距问题,应该从静态横向和动态纵向两个角度分析:从静态横向比较看,居民间收入差距"过高";从动态纵向比较看,我国基尼系数已超过国际公认的不平等分配警戒线,[①]虽低于非洲和南美洲的一些国家,但高于亚洲的绝大部分国家,更高于欧美发达国家的水平,因此,我国居民收入差距已属于失当范围(李实、赵人伟,1999)。两极分化论认为,我国居民收入差距已经出现了两极分化。目前社会上已经出现了大量的百万富翁,而与此形成鲜明对比的是一些地区的贫困者连温饱问题尚未解决,贫富两极分化问题较为明显(宋冬林,1995)。另有研究认为收入差距不等于两极分化,判断是否出现两极分化至少有两个标准:第一,是否产生两个具有相当规模的"极端"阶层;第二,是否在占有社会财富上出现"两极"趋势。如果用这两个标准衡量收入差距扩大,是否必然导致"两极分化",首先,要分析高收入者是否凭借占有的资产而获

① 基尼系数的取值范围为0~1,基尼系数越小表明收入差距越小,以0.4作为国际警戒标准。联合国有关组织规定:基尼系数若低于0.2表示收入绝对平均,0.2~0.3表示比较平均,0.3~0.4表示相对合理,0.4~0.5表示收入差距较大,0.6以上表示收入差距悬殊。

得巨额收入;其次,其收入是否主要用于资本积累。据此可以推断,在我国部分私营企业里,已经产生“两极分化”(杨强,2004)。

(2)收入差距扩大带来的影响

以往研究认为,收入差距对经济增长的影响与人均 GDP 密切相关,收入差距扩大既能带来消极负面的影响,也能带来积极正面的影响。Robert Barro(1997)研究发现,当人均 GDP 低于某一临界值(按 1985 年美元计算为 2 070 美元)时,基尼系数与经济增长负相关,但是当人均 GDP 超过此临界值之后,基尼系数与经济增长正相关。蔡昉(2008)认为人均 GDP 为 825 ~ 3 254 美元的国家,属于低中等收入国家,该收入阶段是一个对收入分配高度敏感的时期。随着人均收入的增长,分配状况是否公平,既影响经济增长,也影响社会稳定。收入差距一旦超过社会所能容忍的程度,人们会对政策失去信心,对改革产生不好的预期,社会就会形成一种阻碍经济发展的力量,不公平就会转化为没有效率。

收入差距扩大带来的负面影响。国外学者从经济增长与基尼系数的关系入手,研究了收入差距带来的影响。Alesina 和 Rodrik(1994)、Persson 和 Tabellini(1994)、Clarke(1995)以及 Deininger 和 Squire(1998)使用跨国数据研究发现,收入不平等对经济增长起到了负面作用。Benabou(1996)总结了 1992 ~ 1996 年对收入不平等是否有利于经济增长的 13 个计量研究后发现,有 9 个研究结论认为收入不平等将显著损害经济增长。Murphy 等(1989)认为收入分配不平等、财富过于集中,可能会通过限制市场规模,进而妨碍经济增长。Alesina 和 Perotti(1996)认为收入分配不平等可能引发社会冲突,导致产权保护薄弱,从而妨碍经济增长。Enrico 等(2005)对意大利南部低收入省份和北部高收入省份的收入不平等与死亡率的关系进行研究发现,在绝对低收入水平上,收入不平等与死亡率具有显著正相关关系。居住在南部省份的老年人更容易陷入绝对低收入状态,因此,与北部女性老年人相比,南部女性老年人死亡率更高。

国内研究发现，我国收入差距在过去 20 年中持续扩大，对经济的持续增长、社会公正与稳定都提出了挑战（王小鲁、樊纲，2005）。刘生龙（2007）通过数理模型推导证明收入分配不平等同经济增长负相关。张车伟（2005）认为中国收入差距的拉大，正逐渐成为困扰经济和社会发展的重要问题。日益加剧的不平等不仅会影响到经济的持续增长能力，而且可能影响到社会的稳定。虽然从收入差距扩大到人们对收入分配不公的义愤是一个复杂过程（李实、赵人伟，1999），但是，李实（2007）基于我国收入差距持续扩大状况指出，在过去 20 多年中，中国收入差距的不断扩大引起了社会公众的普遍担忧，同时对收入分配领域中不公平的现象也表现了很大的不满，对我们当前和谐社会建设产生了负面影响。中国社会科学院李培林研究员在接受《瞭望新闻周刊》采访时指出，收入差距进一步扩大是困扰中国的社会问题之一（徐江善，2005）。李实（2007）通过引用跨国研究结果指出，收入差距与一个国家的政治稳定性之间存在显著的负相关性，高犯罪率和多发性的暴力事件是与其过度的收入分配不平等密切相关。收入分配不公不利于经济长期稳定发展。

收入差距扩大带来的正面影响。以往部分研究认为，收入差距扩大对经济社会具有正面影响。Li 和 Zou（1998）、Fobes（2000）和 Castello（2004）利用固定效应模型或动态广义矩估计（GMM）方法研究发现，收入不平等对经济增长的影响并不是负面的，而是正面的影响。Perroti（1993）研究认为收入分配不平等可能使经济取得较高的初始增长率。Keefer 和 Knack（1995）的计量研究并不认为收入分配不平等影响经济增长的市场规模机制。Barro（2000）研究发现，没有证据表明收入不平等对经济增长产生了影响。

我国也有一些学者用不同数据库对收入不平等是否有利于经济增长做了进一步研究，其结论倾向于不平等有利于经济增长。李宏毅和邹恒甫（1998）在典型的政治经济机制里，假定财政支出具有消费性、完全进入个人效用函数,从而得出了收入分配不平等可能促进经济增长的结论。尹恒、龚六堂和邹恒甫(2001)运用政治经济模型,研究收入分配不平等与经济增长间存在 Kuznets 的倒"U 形"关系,即在收入不平等达到一定程度之前,将会对经济增长具有促进作用。

国外收入差距对经济增长产生的不同影响表明,一方面,收入差距过大,可能会因为抑制市场规模、引发社会冲突等不稳定因素,从而为经济增长带来不利影响;另一方面,收入差距扩大,可能有利于经济增长。不同研究结论及其对经济增长影响的争论问题,既反映了该问题的重要性,又体现了收入差距对经济增长影响的复杂性。与国际研究结果类似,在国内收入差距产生的影响中,既包括有利于经济增长的研究结论,又包括抑制经济和社会发展的研究结论。但总体而言,居民收入差距扩大带来的不利影响大于有利影响,对居民收入差距不断扩大问题必须高度关注,认真研究,并通过采取相关措施加以抑制。

2.2.3　收入差距扩大的原因与对策

(1)收入差距扩大的原因

联合国经济及社会理事会在《2007 年世界经济和社会概览》指出老年人变穷的可能性,不仅取决于养老金制度的普及程度,还会因受教育程度、性别和生活安排的不同而变化,老年女性常常比老年男性要穷。Jason Beckfield(2006)利用欧洲 12 个国家的数据研究了 1973 ~ 1997 年欧盟政治、经济一体化对收入差距产生的影响,研究发现政治、经济一体化与收入差距具有线性正相关作用,经济全球化会加大收入不平等。Card 和 DiNardo(2002)研究认为,20 世纪 80 年代,美国最低工资的减少是造成底部收入差距扩大的主要原因。另有学者认为工资性别差异主要来自两部分:一是人力资本差异(人力资本禀赋可解释的部分约占总差异的 6.95%),二是包括行业内歧视和行业获得歧视的因素(Ogwang,2007)。

国内学者对收入差距的产生原因进行了大量探索。在宏观经济社会影响方面,赵人伟、李实(1997)认为,我国收入差距扩大的原因分别包括经济增长或发展、经济改革或体制变迁以及经济政策及其变化等多方面因素。此外,体制转轨过程中的各种垄断行为,包括部门垄断、行业垄断等,也是造成收入分配不平等增加的原因。张军和何永贵(2004)在分析强化政府主导型收入再分配机制时认为,目前初次分配造成了社会收入差距有过大的表现,但其症结在于再分配的软弱无力。

李实(2007)在探究收入差距扩大的原因方面认为,除了市场化改革外,主要原因在于政治体制没有进行相应的改革,政府部门没有进行相应的转型。赵人伟研究了我国城市 20 年工资冻结对生命周期收入的影响,指出 20 年工资冻结使得这一时期应获得相应高收入的年轻人没有获得相应收入,他们到了退休年龄收入下降,导致不同年龄组的收入分配不公问题(张平,2003)。王小鲁、樊纲(2005)通过模型分析发现,经济增长、收入再分配和社会保障、公共产品和基础设施以及制度方面的因素对收入差距的扩大或缩小具有重要影响。

政策影响论认为国家实施的分地区、分行业、分所有制形式的优惠政策加大了收入差距扩大的程度(邢成、韩丽娜,2001;马海涛、姜爱华,2003)。而政策的缺失或缺位,如制度性垄断和行政事业单位的"创收"活动,对低收入者保障不够和对高收入的调节不力等因素,也对城镇居民的收入差距产生直接或间接的影响。市场机制及管理缺陷论认为,城镇收入差距的扩大是由市场机制和管理方面存在的缺陷所引起的分配秩序混乱所造成的(何莉,2001)。资源禀赋的差异是导致城镇居民收入差距扩大的根源(任红艳,2006)。

张车伟(2006)认为,收入差距不断拉大的原因可归为市场因素和非市场因素的影响。从市场本身来看,劳动力资源的市场配置必然使高人力资本存量的个人得到较高的收入,低人力资本存量的人得到较低的收入,从这个意义上说,人力资本不平等是收入差距的重要来源。从非市场因素来看,政策缺失和错位、市场法规不健全等都会使收入差距拉大;该研究的优点在于细致研究了受教育年限对收入水平扩大的影响,在运用马太效应分析的基础上,提出了增加义务教育年限、向贫困地区倾斜教育投入的建议。

在微观因素对收入差距的影响方面,张平(2003)在回顾收入影响因素时,分别介绍了人力资本、年龄、性别等内生因素决定收入的理论,以及机会不平等、收入再分配等外生因素对收入的影响。任红艳(2006)系统总结了我国城镇收入差距扩大的理论解释,如居民收入来源分析论认为,城镇居民收入来源多元化、城镇居民非法收入是城镇居民收入差距拉大的重要原因。赵人伟、基斯·格里芬(2007)利用调查数据,分别将个人、社会经济因素等变量纳入该收入函数,分析了城市工资差异的原因。李实和马欣欣(2006)利用1999年中国居民收入调查数据,揭示了职业内不同性别的收入差距,其中,性别歧视性因素是职业所导致的男女工资差异的最主要原因。另有学者认为造成收入差距的人力资本差异,在根本上也是由于性别歧视造成的,对女性的歧视导致较低的教育投入,又导致了较低的人力资本禀赋,进而导致较低的工资收入,这样陷入某种恶性循环(彭妮娅,2013)。

(2)消除收入差距扩大的对策建议

在消除收入差距建议方面,对中美两国国内收入差距的成因进行比较分析,有助于我们分清影响收入差距的一般原因和特殊原因,进一步认识我国的收入差距,从而研究适宜的治理对策,促进社会主义和谐社会的构建(胡莹,2007)。赵人伟和李实(1997)建议,我国首先应该抓住深化改革、发展经济这两个重要环节;其次,应该完善所得税政策、社会保障政策、劳动力流动政策、教育政策;最后,税收和福利(特别是补贴)是政府对收入进行再分配的重要手段,政府应该在收入再分配上发挥有效的功能。刘强

(2005)在分析法国居民收入分配状况、收入分配政策与制度结构后,提出了法国居民收入分配对我国的政策启示作用,首先,应进一步加强社会主义市场经济条件下政府对工资的宏观管理;其次,充分发挥税收对居民收入差距的调节作用;最后,实施增加低收入者就业机会的积极就业政策。张珺(2005)在分析日本居民收入分配制度的基础上,指出了日本收入分配的特点对我国的三方面启示:个人收入增长较快,收入结构多元化;中等收入和高收入阶层占大多数,收入分配格局呈倒三角形,收入差距不大;社会保障制度的相对完善,有利于收入再分配的顺利进行。

李实和赵人伟(2006)认为,解决收入分配不公的问题不仅仅是一个收入再分配政策问题,还涉及一系列权利和利益的重新调整和安排。在市场经济面前,如何建立包括享有等同的社会保障、创业和就业机会、职业选择和职业流动的权利和机会,是一个国家必须面对的问题。杨强(2002)建议,完善分配制度可以从根本上防止收入差距的进一步扩大;通过调整收入分配政策,提高低收入者的收入水平;通过加强法律与行政处罚力度,防止个人收入差距非正常扩大;转换公平观念,提高人们对收入差距的心理承受能力。

王梦奎(2004)认为,地区差距的实质是工业化进程快慢和城乡差距的问题,积极发展跨区域经济交流与合作,对促进地区协调发展有重要作用。张军和何永贵(2004)认为,建议在缩小社会收入差距方面强化国民收入再分配的作用,收入再分配应当更多地惠及老年人。蔡昉(2008)认为,政府应明确界定再分配政策的扶助对象(如残疾人、老年人等),并对其进行必要的再分配。

姜向群、郑研辉(2013)研究发现,我国现阶段老年人经济收入来源较少、结构单一、群体分化明显、社会保障不足。因此,提高贫困老年人的收入和保障水平,缩小群体间的收入差距,提高老年人社会保障水平,促进老年人共享经济社会发展成果实属必要。

2.3　对老年人收入的研究

由于老年人收入是构成居民收入代际差距研究的比较对象和研究主体,对老年人收入的相关研究进行系统回顾,有助于借鉴以往研究经验,丰富本研究的研究内容,突出研究的创新之处。

2.3.1　对老年人收入来源的研究

以往学者对老年人收入来源的研究对象主要分为两方面:一方面,对全国城镇老年人收入来源进行分析;另一方面,对地区性老年人收入来源进行研究。

(1)对我国城镇老年人收入来源的研究

杜鹏和武超对 1994 ~ 2004 年我国老年人收入来源的研究发现,2004 年我国 60% 的城市老年人以退休金作为主要生活来源,与 1994 年相比,我国老年人的自身经济能力已有所增强,对家庭成员供养的依赖程度逐步下降(杜鹏、武超,2006)。在经济供养方面,中国农村老年人自养能力较低,近半数老年人依靠子女或其他亲属供养,女性老年人依靠家庭成员的比例超过 64%(杜鹏,2003)。

周云(2001)通过运用中国 1998 年高龄老年人健康长寿基础调查资料,从生活来源等角度分析了高龄老年人的家庭代际关系,认为高龄老年人的前三位主要经济来源依次是子女或孙子女(72%)、退休金(17%)和社会公共福利(6%)。

姜向群、郑研辉(2013)对中国老年人收入来源研究发现,2010 年的人口普查结果表明,总体上家庭成员的供养仍是我国老年人生活来源的最主要方式,占 40.72%;第二位是依靠自己的劳动收入,占 29.07%;第三位是依靠离退休金或养老金,占 24.12%。与"五普"相比,老年人依靠家庭成员

供养及依靠自己劳动收入的比例下降。分性别看,男性老年人依靠离退休金或养老金和家庭其他成员供养的比例非常接近,分别为 28.89% 和 28.24% 。大多数女性老年人以家庭其他成员供养为主要生活来源,占 52.58% ,比男性老年人高出 24.34 个百分点,说明女性老年人对家庭成员经济供养上的依赖性大大高于男性。此外,女性老年人以离退休金或养老金为主要生活来源的比例从 2000 年的 12.92% 增加到 2010 年的 19.58% ,这在一定程度上表明,女性老年人自己获得收入的能力进一步增强了。分年龄组看,与高龄老年人相比,低龄老年人主要依靠自己的劳动收入和离退休金或养老金的比例较高。

吴玉韶(2014)对中国老年人收入构成分析发现,男性老年人拥有退休金、市场性收入和其他收入的比例明显高于女性,而拥有家庭转移性收入、公共转移性收入的比例则低于女性。女性老年人获得公共转移性收入的比例更高,且这种差异具有统计学意义。

2010 年第三期中国妇女社会地位调查数据显示,城镇 65 岁及以上老年女性的首要生活来源为自己的离退休金或养老金的比例为 54.1% ,男性为 79.3% 。

(2)对区域性老年人收入来源的研究

老年人收入与健康支出状况研究课题组(2008)对北京市老年人收入来源研究发现,2005 年全市离退休金发放的覆盖面继续扩大,使得以离退休金为主要收入来源的老年人占总数的 69.3% 。与 2000 年相比,这一比例上升了 7.1 个百分点,离退休金在老年人生活中的重要性进一步增强。从年龄组上看,低龄老年人依靠离退休金和劳动收入的比例明显高于高龄老年人,而高龄老年人依靠家庭其他成员供养比例则高于低龄老年人。

上海市女性老年人在收入水平、独立性和稳定性上都比男性老年人低,且 2010 年较之 2008 年,男性、女性老年人之间的收入水平差距有所拉大。有学者认为老年人收入的性别差异源于我国特有的性别差异,主要是家庭劳动领域男女平等法律保障的缺失及男女不平等的退休制度造成了收入上的性别差异(蔡骈,2007)。

梁宏(2011)对广州市调查发现,超过一半的老年人有离退休金收入(60.83%),有子女供给或劳动收入的老年人所占比例也相对较高(分别为33.77%和15.11%),拥有其他来源收入的老年人所占比例较低。

对浙江省老年人收入来源研究表明,女性老年人在经济生活的自立性、独立性上远远弱于男性老年人,而在对家庭其他成员的经济依赖程度上则远远高于同地域的男性老年人(朱旭红,2011)。

2.3.2　对老年人收入差距的研究

(1)对全国老年人收入差距的研究

伍小兰(2008)基于中国老龄科研中心 2000 年“中国城乡老年人口一次性抽样调查”的数据,采用五等分法对中国老年人口的收入差异进行分析,发现老年人口内部的收入差异较大,总收入的一半以上集中在收入最高的 20% 老年人群。张文娟(2008)基于 2005 年中国人口 1% 抽样调查数据研究发现,老年人的劳动收入存在城乡差异:尽管农村老年人依靠劳动收入的比例是城镇的 5 倍左右,但其劳动收入水平仅为城镇的 2/3 左右。贾云竹(2007)研究发现,女性老年人一般比男性老年人更加贫穷,也更容易受到歧视和忽略。吴玉韶(2014)对中国城乡老年人口状况追踪调查数据分析显示,男性老年人月平均收入为 1 961 元,女性老年人月平均收入为 1 228 元,在收入构成中,男性老年人的各项平均收入均高于女性老年人。

杨慧(2018)研究发现,在中国城镇老年人收入的年龄差距方面,60 ~ 79 岁老年女性平均收入占 40 ~ 59 岁中年女性的 72.88%,而同龄老年男性的平均收入占 40 ~ 59 岁中年男性的 82.37%,老年女性与中年女性收入的年龄差距比男性高 9.48 个百分点。在性别差距方面,老年女性的平均收入比同年龄组男性收入低 9 074.66 元,老年女性的平均收入仅占同年龄组男性收入的57.71%，老年人口收入性别差距比该出生队列在1990年中年时的性别差距扩大了13.23个百分点。对中老年人收入的年龄、性别和队列分析可见，老年女性收入在年龄和性别两个方面具有双重弱势特征。即无论与同性别的中年女性相比，还是与同年龄段的老年男性相比，老年女性的收入都明显处于劣势地位，特别是处于零收入和低保线以下的老年女性，其收入双重弱势特征更加明显。此外，张子杨、杨慧（2019）进一步研究发现，1990年我国60～64岁低龄老年女性平均收入占40～59岁中年女性平均收入的66.44%，2000年该比例提高到84.62%，但在2010年该比例又下降到71.53%，低龄老年女性平均收入占中年女性平均收入的比例呈倒U型，该趋势丰富和补充了以往研究发现。

（2）对区域性老年人收入差距的研究

在老年人收入的国别研究方面，有学者在对美国15～64岁和65岁及以上收入比较的基础上，得出了美国不同年龄组的收入状况及其贫困发生率。从年龄分布看，美国65岁以上人口的贫困率为10.2%，18～64岁人口的贫困率为10.8%，18岁以下的贫困率为17.6%（刘强，2005），由此可见，美国老年人的贫困发生率最低。另有研究发现，巴西贝洛奥里藏特老年非正式工人挣到的低收入，对于满足大家庭，特别是对于孙辈基本需要的作用至关重要（罗莎·库特琳，2011）。田香兰（2009）研究发现日本老年人退休后的收入来源主要以公共年金为主，并辅以企业年金、退职金、个人储蓄等。

在老年人收入来源的国内地区性研究方面，有学者利用第三期中国妇女社会地位调查数据中吉林省的调查数据，研究发现吉林省男女老年人平均年收入分别为20 136.82元和6 567.87元，男性老年人的收入是女性老年人的1.76倍（王晶、苏中文，2013）。蔡骅（2007）2004～2005年对上海市区户籍老年人经济状况调查的结果显示，老年人之间的收入状况存在较为明显的性别差异，即各年龄段月均收入1 000元及以下者的比例几乎是女性高于男性，而月均收入 1 001 元及以上者的比例则大多是女性低于男性；80 岁以上女性的贫困化倾向较男性更为严重。李若建（2007）对广州市老年人收入进行纵向研究发现，虽然老年人收入已普遍增加，但与中青年人相比，老年人的经济活动能力比较弱。梁宏（2011）对广州市老年人收入调查发现，老年人平均月总收入为 2 017.67 元，收入最低的 20% 的老年人的总收入仅相当于全部老年人总收入的 3.21%，而收入最高的 20% 的老年人的总收入相当于全部老年人总收入的 45.30%，广州市老年人收入差距较大。韦璞（2012）基于贵阳市 2008 年、2010 年两次调查发现，在老年人收入年龄差异方面，2008 年老年人随着年龄增高，收入水平、独立性和稳定性都逐渐降低，但是到 2010 年发生了相反的情况，年龄越高，老年人的收入水平、独立性和稳定性都逐步提高。

2.3.3　对老年人收入的影响因素与对策建议研究

（1）对老年人收入的影响因素研究

国外对老年人收入影响因素研究方面，Gustavo 等（2008）分别对 1926～1942 年出生、1990～2000 年退休的 37 157 位被访者退休前 3 年和退休后 3 年的收入状况及其影响因素进行了比较研究，发现离婚和受教育水平低的女性在退休后收入水平可能下降，单身、受教育水平高的女性收入水平在退休前后没有变化，在婚男性退休后的收入可能会增加。Disney 和 Whitehouse（2002）认为性别和婚姻状况对老年人收入具有重要影响，老年女性的收入水平低于男性，独居退休男性的收入水平更容易接近平均收入，独居老年女性更容易陷入贫困。老年女性的低收入风险与其受教育水平和早期的工作状况有关（Bardasi，Jenkins，2002）。

吴玉韶（2014）认为，在老年人收入的影响因素方面，受教育程度越高、工作年限越长，老年人退休金收入也越高。各类型单位在社会声望、劳动报酬和福利保障等综合条件上并不是均等的，最好的是党政机关/部队，其

次是事业单位，之后是国有/股份制企业，最后是民营/集体企业。在受教育程度、退休单位性质、职务、工作年限上，男性老年人的退休金收入均明显高于老年女性。

李若建(2007)对广州老年人收入影响因素研究发现，原职业差异仍是老年人收入差距较大的重要原因。老年人收入与健康支出状况研究课题组(2008)认为，受经济发展水平、退休前单位性质等因素影响，老年人之间的收入差距较为明显。梁宏(2011)发现在收入影响因素方面，受教育年限越长，老年人的收入越多，老年女性的收入低于男性，有配偶老年人的收入较高。

(2)消除老年人收入差距的对策建议研究

张恺悌(2009)认为，在社会保障制度中存在性别不平等。这主要体现在两个方面：一是女性承担的大量家务劳动和人口再生产劳动并未计入劳动报酬，二是男女不平等的退休年龄问题成为收入性别差异的重要政策原因。另外，公共政策存在着社会性别盲点。公共政策制定者普遍缺乏年龄意识、社会性别意识以及对老年女性问题的敏感度，老年女性问题往往被掩盖在“老年人问题”和“妇女问题”这两个大问题中。

在消除老年人收入差距的对策建议方面，梁宏(2011)建议有关部门在制定“扶老”“助老”政策时，除了考虑个别老年人的特殊需求，还要更充分考虑地区差异等结构性因素，以及老年人的职业背景，针对不同特征老年人制定切实可行的老龄政策。

吴玉韶(2014)建议强化公共政策主客体的社会性别意识，改变社会保障制度中的性别不平等政策。一方面，要重视性别差异性保障，制定有针对性、差异性的政策，以保障不同性别群体的利益；另一方面，要重视性别平等性保障，最大限度地减少性别不平等的保障性政策对不同性别群体的不利影响。建立高龄老年人补贴制度，建立遗属保险制度，缩小男女退休年龄差距。

姜向群、郑研辉(2013)认为,社会养老保险制度具有强制性的收入再分配功能,是社会养老保障和防止老年人贫困化的主要措施,发挥着主导作用。当前,我国的社会养老保险制度还存在着收入分配调节功能不强、保障水平较低、结构简单、历史欠账多等方面的问题。因此迫切需要健全和完善社会养老保障体系。第一,需要从制度上解决社会养老保险的历史欠账问题,通过财政逐步转移解决已经退休的低收入老年人的社会养老保险问题。第二,通过打破不同体制养老保险制度的隔阂,实行机关事业单位社会保险制度改革,缩小机关事业单位与企业职工之间的收入差距;提高企业低收入退休群体的养老金待遇水平。第三,加强立法,提高财政转移支持的比例,解决农村社会养老保险资金不足和保障水平过低的问题。

2.3.4 对老年人收入研究的述评

以上研究主要针对不同性别、不同居住状况和不同受教育程度的老年人收入状况与收入来源、离退休前后的收入变化状况等进行了实证研究,也有少数研究涉及了老年人与中年人的收入差距问题,对我国居民收入代际差距研究有很好的参考价值。这些研究对于缓解老年人经济压力、提高老年人生活质量具有重要意义。但是,由于以往大部分研究缺乏老年人收入与中青年收入研究的代际视角,很难在居民收入代际差距方面为我们提供相关借鉴。此外,在分地区、分行业老年人收入方面,以往研究鲜有涉及。

2.4 对代际收入的研究

代际关系一直是社会科学研究人员所关注的研究内容,本研究分别从对“代”的概念界定、代际收入及其影响因素进行文献回顾。

2.4.1 对“代”的概念界定

代际关系研究的起点是对“代”进行概念界定,“代”是指在一定社会中具有大致相同的年龄和类似社会经历的人群。虽然在稳定的社会中不大可能存在普遍的代沟,但代际差异的产生和扩大是必然的(葛道顺,1994)。国内较早对代际关系进行系统研究的学者是张永杰和程远忠,其1988年出版的《第四代人》以政治人格为主轴,将中国社会人群划分为四代人:从战争时代经历过来的为第一代人;中华人民共和国成立后17年中成长起来的为第二代人;“文化大革命”中的红卫兵为第三代人;20世纪60年代之后出生的为第四代人(张永杰、程远忠,1988)。

由于代际更替是一个时间的历程,因此,代与代之间的划分一般是遵循出生年代的,如60年代人、70年代人、80年代人。这种划分至今仍是主流的划分标准,但这种划分标准正受到越来越多的挑战,有学者指出,生理年龄不再是划分代际的绝对指标,对社会文化发展的共同认识才是人以群分的深层原因(钟年,1993)。另有学者认为,心态决定思维,思维再决定观念与行为,因此,心态、思维、观念和行为是分析一个人属于哪个“代际”的四个维度(黄建钢,1999)。此外,杨东平(1997)认为,代际划分的新标准应以子女数量为依据,即多子女的一代、独生子女的一代、独生子女后的一代(杨东平,1997)。

中国代际关系研究课题组(1999)在“中国人的代际关系:今天的青年人和昨天的青年人实证研究”中,将16~22岁称为青年人,即“今天的青年人”;将40~46岁称为中年人,即“昨天的年轻人”;将64~70岁称为老年人,即“前天的青年人”。也有学者将当前共同生活的中国人划分为五代人:第一代人,即创建新中国的一代;第二代人,即中华人民共和国成立初期的一代;第三代人,即上山下乡的一代;第四代人,即改革开放中的一代;第五代人,即独生子女的一代(沈杰,2001)。由此可见,学界对“代”的划分尚未形成统一标准，划分结果缺乏一致性，不同研究之间缺乏可比性。但如前所述，时间仍然是划分“代”的主流标准。

为了对居民收入的代际差距进行比较，从中寻找年龄差距与收入差距的代际关系，本研究将生理年龄作为划分“代”的唯一标准，将研究对象的代际划分为广义代际和狭义代际两种。因为 19 岁及以下年龄的青少年绝大部分为在校学生，基本没有经济收入，而本研究的主题为收入分配的代际差距，因此仅对 20 岁及以上的人口进行研究。

对于所使用的国内调查数据而言，如果以每 10 年作为一代的划分标准，从 20 ~ 100 岁及以上将会划分出 9 代，为了避免代际过多对研究产生不利影响，本研究分别以每 20 年为一代研究代际关系。其中，狭义上 40 ~ 59 岁为一代，60 ~ 79 岁为一代。

2.4.2　对代际收入的研究

代际收入流动性是衡量社会公平的一个重要指标，联合国经济及社会理事会在 2007 年《世界经济和社会概览》指出，代际关系的变化可能在对老年人收入保障方面产生影响，特别是在家庭承接发挥着重要作用的发展中国家，代际关系的变化和影响更是如此。

居民收入代际流动性。王海港（2005）认为，代际流动即一个人在总体收入分配中的位置在多大程度上由他上一代的位置所决定，或者说父辈的收入如何影响了下一代的收入，更精确地说是子辈收入对父辈收入的弹性（可简称代际收入弹性）。国外研究发现，瑞典有着更小的收入不平等和更大的代际流动（李翔，2013）。赵白鸽（2017）认为，北欧国家、德国等具有较小的代际收入弹性，代际流动性比较高；而北美、南欧及其他一些发展中国家具有较高的代际收入弹性，代际收入流动性较低。高勇（2012）利用 2001 年中国社会变迁研究调查数据研究发现，中国城市中代际收入弹性处于中等水平，但是曲率大于其他国家。

何立新(2007)认为,从代际分配来看,2005 年改革方案的代际平衡性大于 1997 年改革方案,该改革方案在缩小了低年龄组和高年龄组之间代际不平衡的同时,加大了高年龄组的代内不平衡。王树新和马金(2002)从代际经济关系入手,在研究了当代中国老年人与子女之间的经济流量后发现,无论是城市还是农村,总体而言,代际经济流动方向都是由子代流向父代。分性别来看,我国父女之间的代际收入流动性大于父子之间的代际收入流动性(赵白鸽,2017)。刘志国、范亚静(2014)认为,我国居民代际收入流动性总体偏低,而且近年还表现出持续下降的趋势。

居民收入代际固化性。多位学者研究发现,我国居民收入存在代际固化效应。王春光(2006)认为改革开放以来,在我国经济连续保持世界最快的发展速度下,贫富分化已呈现结构性分割的迹象,并产生了代际收入传递的"马太效应",即富者的子代愈富,穷者的子代愈穷(张东辉、司志宾,2007)。此外,父辈间初始化收入不平等又会导致子代新一轮的收入不平等,收入不平等在代际呈现长期化特征(谢勇,2006)。我国城镇居民收入存在较为明显的代际传递效应,多数子女依然滞留在与父亲相同的收入组群(郭丛斌、闵维方,2007)。该研究发现得到进一步验证,林森、单莉莉(2010)研究发现,我国居民家庭收入代际之间存在较为明显的传递效应,多数子女依然滞留在与父母相同的收入组群,即高收入阶层的子女依然是高收入阶层,低收入阶层的子女依然是低收入阶层。高勇(2012)研究认为高收入者的代际继承性更强。

2.4.3 对代际收入的影响因素研究

蓝嘉俊等(2017)利用 1970 ~ 2011 年 76 个国家(地区)面板数据的经验研究发现,总和生育率的提高会拉大收入不平等,如果每个妇女平均多生育一个孩子,将会使基尼系数增加 0.025。代际收入流动弹性越高、收入水平越低的国家(地区),其生育率提高对收入不平等的拉大作用越大。

郭丛斌、闵维方(2007)认为,教育作为一种重要的代际流动机制,有助于促进弱势群体的子女实现经济社会地位的跃升,具有较强的促进代际流动的功能,随着市场化水平的提高,教育促进收入代际流动,改善整个社会收入公平状况的功能也日益增强。刘志国、范亚静(2014)研究发现,在我国影响代际收入流动性的因素包括人力资本投资、社会资本、婚配等,教育尤其是高等教育可以显著提高居民的收入流动性。高勇(2012)认为,影响收入代际关系最重要的因素是贫困家庭中人力资本投资不充分及其在劳动力市场上受到阻碍。此外,婚配、家庭规模、家庭结构、经济增长、社会制度和政策等,也可能影响代际收入的流动(李翔,2013)。

2.4.4　对代际收入研究的述评

以往文献分别从“代”的界定、代际收入关系等研究了我国居民的代际关系问题。从目前已检索到的文献来看,虽然部分研究测算了不同年龄组未来养老金的收益情况,分析了养老金收入的代际和代内差距问题,但其局限性包括两个方面:一方面是缺乏对代际的严格界定,容易使收入的代际差距和队列差距的含义较为模糊;另一方面很少有学者在新的社会文化背景下,对代际问题进行系统研究,既没有形成自己的代际理论,也没有在国际上发表有影响力的论著(沈汝发,2002)。基于上述文献回顾与述评,在收入分配方面进行代际关系研究,对于拓展我国代际关系的研究领域、丰富代际关系的研究成果,具有重要意义。

2.5　本章小结

在对国内外收入理论的研究回顾中发现,经过国内外数十年的研究积累,居民收入方面已产生了诸多理论,但是,迄今为止,仍然没有令人满意的反映居民收入年龄组差距的相关理论。本章在对收入差距衡量指标进行回顾的基础上,综述了国内外对收入差异的正面和负面影响的研究。由于国内关于居民收入的研究颇多,因此,本研究分别从收入差距的表现形式、对居民收入差距的性质判断及影响、收入差距的原因与对策建议等方面对居民收入差距进行了述评。此外,本研究对国内外有关老年人收入来源、收入差距与影响因素等研究进行了回顾,老年人收入与性别、年龄、受教育水平和职业相关。国内外对代际关系的研究发现,经济交换是构成代际关系的重要组成部分。

以上研究为我们认识城镇中老年人收入及其代际差距奠定了良好的基础,然而,由于以往有关收入差距研究缺乏代际和性别视角,难以对不同年龄组、不同性别的收入差距进行分析。此外,在对老年人收入研究中,绝大多数研究仅以老年人为研究对象,很少同时兼顾老年人收入与中青年收入的代际差距。不仅如此,以往研究多以截面数据为基础,无法刻画中老年人收入及其代际差距的时期变化。因此,对我国城镇中老年人收入的代际差距进行系统研究,对于准确刻画我国居民收入的代际差距现状与发展趋势,解释该差距的原因,判断居民收入代际差距的合理与否,有针对性地采取措施消除不合理的代际差距,发展和完善我国居民收入的理论研究和实证研究具有重要意义。

第3章

研究框架与历时性分析

收入分配涉及每一个人的利益,人们关注收入差距不仅反映了人们对相互之间收入差距的敏感心理,也反映了收入差距对社会经济发展的重要影响(李实、邱希明,2005)。对老年人的收入水平进行研究,是老龄理论和实践工作者的主要任务之一(杜鹏,1999)。将老年人收入与中老年人收入进行比较分析,既是建立不分年龄、人人共享社会发展成果的需要,也是推动代际关系协调、社会和谐发展的需要。

3.1 研究设计

3.1.1 指标界定

关于年龄组的界定。根据本研究的选题,主要对60岁及以上老年人和60岁以下中老年人的收入水平进行比较分析。本研究对"代际"的概念界定为"分别以每20年为一代研究代际关系。其中,40~59岁为中年一代,60~79岁为老年一代,即40~59岁为中年组,60~79岁为老年组”。

关于时间范围的界定。经济体制改革前,我国收入分配一直被国外学者称为高度平均主义(Riskin,1987),即使到了20世纪80年代末期,我国城镇经济的平均主义分配模式,仍然在较大范围内影响城镇居民个人收入分配的结果(李实,1999)。直到90年代,我国城镇居民收入差距才开始出现,并呈现持续扩大趋势,收入分配中的严重不公成为社会各界普遍关注的问题(刘强,2005)。因此,基于我国城镇居民收入差距的变化历程,本研究将1990年作为研究城镇居民收入分配的重要起点,将2010年作为研究的时间终点。

3.1.2 样本数据的选择

我国各地对老年人的调查数以百计,因存在数据资料的可比性及调查资料的可信度问题,对老年人收入问题的研究还有待深入。因此,为了更好地分析老年人收入及其与中老年人收入的代际差距问题,获取老年人的收入资料应从宏观和微观两个方面双管齐下(杜鹏,1999)。

(1)宏观年鉴数据

相关年份的《中国统计年鉴》《中国劳动统计年鉴》和《中国财政年鉴》分别刊登了我国职工工资总额、离退休退职费总额、平均工资、平均离退休金、年末在职职工数和离退休人数等数据资料,对于研究我国离退休老年人和在职职工收入差距的变化趋势提供了权威的数据支持。

(2)微观调查数据

2005年全国1%人口抽样调查首次在人口调查中包括了个人劳动收入的基本信息,在一定程度上为研究我国当前居民收入分配提供了数据支持,但是该调查只访问了被访者的劳动收入,不包括财产性收入和转移性收入。此外,对于老年人有多个生活来源时,此次调查也只统计了一个最主要的来源;对于没有劳动收入的老年人,此次调查仅能提供收入来源,无法提供其收入金额。由此可见,虽然2005年全国1%人口抽样调查数据具有很高的权威性,但并不能很好地支持老年人收入及其代际差距的研究。2000年全国城乡老年人状况一次性调查和2010年全国城乡老年人状况跟踪调查收入涉及的老年人样本量较大,但因其缺乏对中青年人口的调查,依然无法为本研究提供数据支持。

本研究使用1990年第一期中国妇女社会地位调查数据。全国妇联和国家统计局联合开展了三次中国妇女社会地位调查,其中,1990年第一期中国妇女社会地位调查在1991年年初完成。此次调查的样本量为21 533份,其中60岁及以上被访者为2 372人,老年人占11.01%。该调查样本量大,调查数据质量可靠,基本反映了我国居民的收入分配状况。

使用2010年第三期中国妇女社会地位调查数据。第三期中国妇女社会地位调查是全国妇联和国家统计局继1990年第一期、2000年第二期中国妇女社会地位调查后,又一项具有全国性、权威性的中国妇女社会地位调查。此次调查共回收18~64岁个人问卷29 698份,65岁及以上老年群体有效问卷10 793份。为保证调查质量,我们对调查员培训、调查实施、问卷检查、质量复核、数据录入、数据清理等各个环节加强了质量控制。全国所有调查员、调查指导员和督导员由全国妇联妇女研究所直接培训。在调查实施中,采用了调查员自查、调查指导员复查、省级调查督导员和全国妇联课题组分别核查的四级质量控制方法。全部调查结束后,调查领导小组办公室又通过电话回访复核、数据校验等多种途径,对问卷和数据质量进行检验,较好地控制了非抽样误差的发生,保证了调查数据的可靠性。本次调查主要数据分析结束后,我们召开了由社会学、人口学和统计学等领域专家参加的评审会。专家评审组认为,本次调查的调查及抽样设计科学严谨,组织实施过程周密严格,质量控制认真有效,数据结果丰富翔实,具有较好的代表性和可信性(第三期中国妇女社会地位调查课题组,2011)。

由于1990年第一期中国妇女社会地位调查和2010年第三期中国妇女

社会地位调查均为全国妇联和国家统计局联合开展的调查,调查样本规模大,数据质量可靠,同时不但被访者年龄跨度涉及了老中青三代,而且其收入口径一致,即两次调查中的收入均可计算全部收入,因此,对于分析居民收入的代际差距具有重要的数据支持作用,对本研究非常适合。如无特殊说明,第 4 章至第 7 章所用数据及图表中的数据来源均来自 1990 年第一期中国妇女社会地位调查和 2010 年第三期中国妇女社会地位调查。

3.1.3 研究方法的确定

伴随着对收入分配问题的深入研究,经济学界用于衡量居民收入差距的指标越来越多。尽管如此,由于不同指标各具优劣,选择最理想的尺度来衡量收入不平等绝非易事,因此,D · G 钱伯诺恩对收入变异系数、收入幂的标准差、收入调和平均数等六个不平等指数进行比较分析后,断定没有单一的、最好的指标(赵人伟、基斯 · 格里芬,2007)。为了避免仅使用单一指标测度收入不平等造成的差距,本研究将分别使用比值法、收入等分法、泰尔指数法对城镇居民收入的代际差距进行分析、比较。

(1)比值法

对于两个不同总体,基尼系数法和收入不良指数等都会显得无能为力。根据研究目的,为了测量不同总体间的收入差距,在收入不良指数的基础上,用老年人的离退休金和中青年在职职工工资两个指标,分别替换传统比值法中最高和最低 20% 人口的收入,由此可得

$$R_i = \frac{P_i}{W_i} \times 100 \qquad (3-1)$$

R_i 为离退休、退职费总额占工资总额的比例,P_i 为离退休、退职费总额,W_i 为在职职工工资总额,$i = (1980, 1981, 1982, \cdots\cdots, 2005)$。

$$r_i = \frac{p_i}{w_i} \times 100 \qquad (3-2)$$

r_i 为人均离退休、退职费占职工平均工资的比例,p_i 为人均离退休、退

职费，w_i 为职工平均工资，$i = (1980, 1981, 1982, \cdots\cdots, 2005)$。

由于国家统计局相关数据统计口径的变化，2006～2015 年仅公开了城镇单位就业人员年末人数、工资总额以及历年全国基本养老保险参保人数情况、历年全国基本养老保险基金情况，因此，2006～2015 年，本研究只能呈现城镇单位就业人员工资和城镇职工基本养老保险支出情况。

（2）收入等分法

五等分法。收入等分法是用来衡量收入是否平等的重要指标。最常用的是五等分法，例如，在 2006 年、2007 年《国际统计年鉴》个人收入分配表中，分别使用了基尼系数和收入五等分来表示居民收入的不平等状况（中华人民共和国国家统计局，2007）。此外，世界银行统计数据库也使用收入五等分法衡量居民收入情况（世界银行，2006）。Andrea Brandolini（2007）在研究欧盟收入分配不平等时，使用了收入五等分法和十等分法。国内学者赵人伟、李实等也经常使用收入等分法研究我国居民收入不平等问题。由于五等分法研究收入的平等性具有简洁明了的优点，本研究也使用该方法对老年人和非老年人的收入进行分组分析。

三等分法。在比较分析收入代际差距的影响因素时，为避免分组过多致使模型过于复杂，本研究在五等分的基础上，对部分收入分组进行了适当合并，将第 1 组、第 2 组归为低收入组，将第 4 组和第 5 组归为高收入组，中等收入组不变，这样原来的五等分组就合并为三等分组，即高、中、低收入三个组。

此外，在不同单位类型在职或退休中老年人收入的代际差距研究中，需要进行分单位类型、分性别的分析，为避免部分群体样本量较小，本研究直接将不同单位类型被访者的收入等分为高、中、低三组进行研究。

由于本研究以老年人收入为切入点，着重研究老年人收入与中老年人收入的代际差距，因此，首先需要对老年人收入的性别差距、行业差距进行系统分析描述，只有清楚地刻画了老年人收入的各项特征，才能更好地对

其收入的代际差距进行相关研究。基于这一考虑，对于老年人收入，除了研究其代际差距以外，还需要研究其收入的性别差距和行业差距。

等分法的研究思路具体包括以下三步：首先，按照关于代际的定义，分别将被访者划分为两个年龄组，即 40 ~ 59 岁中年组，60 ~ 79 岁老年组；其次，分别对中年组和老年组收入进行五等分分析，在比较各组五等分的收入构成和平均收入等基础上，比较中年组与老年组收入的代际差距；最后，按照性别分别对男性、女性中年组和老年组的收入五等分构成和平均收入进行对比分析，比较不同性别内部被访者收入的代际差距。该分析框架适用于第 4 章至第 7 章的样本总体、不同地区、不同行业、不同单位类型中老年人收入的代际差距分析。

(3) 泰尔指数法

泰尔指数（Theil index）最初是用来计算个人之间或者地区之间收入差距的指标，该数值越小说明不均衡程度越小，该指标的最大优点在于能够衡量组内差距和组间差距对总差距的贡献。由于本研究旨在分析老年人与中老年人间收入的代际差距，因此，泰尔指数对本研究非常适用，可以在本研究主题中发挥重要作用。

1) 泰尔指数计算公式。泰尔指数是泰尔（Theil）1967 年运用统计信息理论提出用于测度收入不平等的指标，该指标的计算公式是：

$$T = T_W + T_b \qquad (3-3)$$

$$T = \frac{1}{n}\sum_{j=1}^{k}\sum_{i=1}^{n_i}\left[\frac{y_{ij}}{\bar{Y}}\right]\log\left[\frac{y_{ij}}{\bar{Y}}\right] \qquad (3-4)$$

$$T_w = \frac{1}{n\bar{Y}}\Sigma n_j T_{wj} = \sum_{j=1}^{k}\frac{n_j\bar{Y}_j}{n\bar{Y}}\ \frac{1}{n_j}\sum_{i=1}^{n_j}\frac{y_{ij}}{\bar{Y}_j}\log\frac{y_{ij}}{\bar{Y}_j} \qquad (3-5)$$

$$T_b = \sum_{j=1}^{k}\left[\frac{n_j}{n}\right]T\left[\bar{Y}_1,\cdots\cdots,\bar{Y}_k\right] = \sum_{j=1}^{k}\frac{n_j}{n}\ \frac{\bar{Y}_j}{\bar{Y}}\log\frac{\bar{Y}_j}{\bar{Y}} \qquad (3-6)$$

国外对泰尔指数高度评价。与基尼系数相比，由于泰尔指数①具有把整体差异划分成组内与组间差异的特性，该特性可以用收入的绝对值与等值分配的对数测度收入之间的差别，可以按加法分解不平等系数（陈宗胜、周云波，2002）。这一优点得到了国内外专家的高度评价，泰尔指数也因此而得到广泛运用。1979 年，世界银行前高级副行长和首席经济学家弗朗索瓦·布吉尼翁（Francois Bourgui – gnon）曾对泰尔指数的优点作出了详细阐述，他认为一种好的收入差距测量方法应该能够满足可分解性（Additive Decomposabillity），即人口收入的总差距能够用人口子群体内部的加权平均差距及子群体间加权平均差距之和表示（Francois Bourgui – gnon，1979），泰尔指数恰好具备布吉尼翁所说的可分解性特征。

国内对泰尔指数高度评价。国内经济学界权威专家李实和赵人伟认为，泰尔指数可以将全国的收入差距分解为地区内的收入差距和地区之间的收入差距，或者群体内的收入差距和群体间的收入差距。而且，利用泰尔指数还可以将全国收入差距的变动幅度进行相似的分解分析（李实、赵人伟，1999）。中国人民大学经济学院黄泰岩教授等在《居民收入差距测量指标体系的选择》一文中，建议在原有测量行业间居民收入差距的基础上增加泰尔指数测量指标。他认为采用泰尔指数来测量行业收入差距，是为了将行业收入差距分为各行业内部的收入差距与行业之间的收入差距两个部分，这样有利于计算出这两个部分分别在多大程度上影响着行业的总体差距（黄泰岩、王检贵，2000）。

李实认为，对于估计组内和组间收入差距及其在总体收入差距的相对

---

① 该泰尔指数可以满足达尔顿—庇古（Dalton – Pigou，1920）转移支付准则以及人口和收入均质性等所有条件（Shorrocks，1987 ）。1979 年 Bourguigon 在泰尔指数的基础上对人口比重进行了加权，提出了 L – 测度方法，即 1996 年 Schwarze 根据 Shorrocks（1990）的分析提出了分解公式：$I(O)=(\frac{1}{N})\sum_{i=1}^{N}\log(\frac{\mu}{y_i})$，$I(O)=\sum_{g=0}^{G}p_g I(0)_g+\sum_{g=1}^{G}p_g\log(\frac{p_g}{v_g})$。转引自陈宗胜、周云波《再论改革与发展中的收入分配——中国发生两极分化了吗》。

比重来说，最精确的方法是使用泰尔指数（李实，2002）。作为衡量个人之间或者地区之间收入差距（或者称不平等度）的指标，泰尔指数不但被经常使用，而且在测量收入不平等度时也同样具有令人满意的特征，即泰尔指数对加法可以进行因素分解（王恩东，2003）。

2）泰尔指数的广泛应用：泰尔指数经过几十年的发展，在经济学界已成为测度收入不平等的成熟性指标，并在国内外有关经济收入、工业化及资源配置等研究领域得到了广泛运用。

国外广泛应用泰尔指数。美国得克萨斯州（Texas）大学 Pedro Conceicao 和 James K Galbraith（2000）利用泰尔指数研究了巴西 1970 ~ 1996 年的动态收入不平等问题。此外，Pedro Conceicao 等（2000）还利用泰尔指数研究了美国 1947 ~ 1999 年的工薪收入的不平等问题。美国蒙特爱达学院（Mount Ida College）的 Pearl Steinbuch 博士（2007）运用泰尔指数检验了基于种族差异的收入差距，并发现泰尔指数是一个很好的衡量种族和组间差距总体影响的指标。Shuhei Aoki （2008）利用泰尔指数研究了生产率之和的损耗问题。Cunningham 和 Wendy（2008）使用泰尔指数研究了拉美四国收入不平等与性别、种族和宗教信仰之间的关系。

欧盟学者也广泛使用了泰尔指数。Andrés 和 Vassilis（2007）利用泰尔指数研究了 1995 ~ 2000 年欧盟 102 个地区的教育与收入不平等问题，研究发现，欧美地区失业、教育不平等与收入不平等具有正相关关系，人口老龄化和城市化对收入不平等具有负相关关系。Adem 和 Galbraith（2008）研究了土耳其 1980 ~ 2001 年居民收入差距不断增大的变化趋势及其居民收入的区域不平等问题。

亚洲各国学者也广泛使用泰尔指数研究本地的收入不平等问题。日本东京大学的 Keisuke Kokubun（2001）通过泰尔指数分析了 1970 ~ 1990 年马来西亚各州在经济差距缩小的过程中工业化差距不断扩大的过程；Rao 等（2003）使用泰尔指数研究了新加坡的收入不平等问题；Mukhopadhaya 和

Pundarik(2003)使用该方法研究了新加坡的劳动力总体及不同分组的收入不平等问题。

国内对泰尔指数的广泛应用。在国内,泰尔指数被广泛应用于区域整体差异以及区域间差异的实证研究(胡志远、欧向军,2007)。赵人伟和李实在其收入不平等研究中,曾多次运用泰尔指数衡量我国居民收入差距。李实和赵人伟(1999)在《中国居民收入分配再研究》一文中对泰尔指数的计算公式及使用方法进行了实证和例证分析,并用泰尔指数估计了 1988 ~ 1995 年城乡之间收入差距占全国收入差距比重的下降幅度(李实、赵人伟,1999)。李实等(1999)使用泰尔指数分析了居民收入分配不平等的变化情况。李实等(2000)还在《中国居民收入分配实证分析》专著中详细介绍了泰尔指数的计算公式,并且在该书中多次使用了泰尔指数。李实等(2005)用泰尔指数分析了中国居民总财产分布不均等状况在不同地区或不同人群组之间的差距。李实和罗楚亮(2007)认为全国收入差距可分解为城镇内部收入差距、农村内部收入差距以及城乡之间收入差距,并根据 CHIPS 的三轮住户调查,用泰尔指数分别计算了 1988 年、1995 年与 2002 年城乡居民收入差距水平。

孙靖、黄海滨(2007)运用泰尔指数分析了 1996 ~ 2005 年我国东、中、西部地区居民的收入差距问题。苑林娅(2008)以泰尔指数测算了我国城乡间、区域间、行业间、所有制间收入差距,研究发现,我国城乡间的收入不平等程度大于区域间的收入水平等程度;东部地区的差距高于中、西部和东北地区;行业内的收入差距大于行业间的差距,国有企业和私营企业员工收入的差距不大。

此外,国内其他学者根据泰尔指数测量收入不平等的原理,还分析了我国卫生资源配置、居民储蓄存款和人均社会商品零售总额等的不均等现象。张彦琦等(2008)利用泰尔指数对重庆市 1997 ~ 2005 年卫生资源配置的公平性进行分析,为政府部门的区域卫生规划提供科学依据。胡志远、

欧向军(2007)用泰尔指数测度了江苏省1978～2004年人均GDP、人均农业总产值、人均城乡居民储蓄存款和人均社会商品零售总额的区域差异。

3)用泰尔指数研究收入代际差距的可行性。由以上国内外著名专家学者对泰尔指数的高度评价和广泛运用,足以见得泰尔指数对研究不同群体间收入差距的重要性。基于本研究视角,本研究将首先从代际差距方面论证泰尔指数的适用性。

年龄组和区域均具有可分性。用泰尔指数进行组间收入差距的分析时,除了分别计算组内的泰尔指数外,用于分析的收入差距单元还可以进一步细分,如在计算全国居民收入的泰尔指数后,还可以按照东、中、西部分别对辖区各省的居民收入计算泰尔指数。由于本研究主要集中分析城镇居民收入的年龄别差距,在数据性质上,年龄是一个连续型数据,而且是步长为1的等差数列。因此,本研究可以用泰尔指数计算同一年份不同年龄别的收入差距。此外,由于本研究使用的调查数据年龄跨度为40岁(从40岁到79岁),本研究首先将被访者根据年龄划分为40～59岁的中年组和60～79岁的老年组,然后在中年组和老年组中,分别计算不同年龄组泰尔指数的组内差距和组间差距。由此可见,将泰尔指数引入老年学领域并以此进行中老年人收入的代际差距分析,既具有可行性,又具有适用性。

研究不同性别、地区、行业、单位类型的可行性。对于使用泰尔指数进行分地区、分行业、分单位类型和分性别的计算,该方法已在以往研究中广泛使用。因此,本研究利用泰尔指数计算中老年人收入的代际差距,可谓有章可循,具有可行性。

3.2 1980～2005年在职人员与离退休人员收入的变化趋势

根据2005年1%人口抽样调查的数据计算,城镇老年人约为7 044.5

万人，占城镇人口的12.12%。《中国劳动统计年鉴2006》显示，2005年我国离退休老年人为5 059.1万人，已占到城镇老年人的71.82%。[①] 同年，我国城镇从业人员为27 331万人，离退休老年人占就业人口的18.51%。研究表明，在我国城镇老年人口中，60.4%的城镇老年人主要生活来源是离退休金（杜鹏、武超，2006）。以上数据表明，老年人离退休金数量不但会影响其生活质量，也会对城镇居民收入的代际和谐产生重要影响。由此可见，本研究对城镇在职职工及离退休人员收入的代际差距进行系统的历时性分析，对于展示我国城镇职工工资和离退休金的变化轨迹，把握我国城镇居民收入代际差距的变化趋势具有重要意义。

多年来，我国除了国家统计局每年进行的城镇居民家庭收支抽样调查外，其他大规模、连续型居民收入专项调查很少，数据可获得性较差。为了比较1980～2015年我国城镇居民广义的代际收入差距，本节依据在职人员与离退休人员的收入增长趋势，对广义的代际收入差距进行分析。

3.2.1　在职人员工资总额的增长趋势

在职人员工资总额和离退休退职费总额是反映收入分配、再分配的重要指标。按照可变价格计算，1980～2005年，职工工资总额由772.4亿元增加到2005年的19 789.9亿元（表3－1），共增长了24.6倍。由各年职工工资总额的变化趋势可见，职工工资总额并非匀速增长，呈现增速的趋势。其中，1980～2000年，职工工资总额年均增长494.2亿元，2000～2005年则年均增长1 826.74亿元，后5年职工工资的增速是前20年的3.7倍。

由于《中国劳动统计年鉴》和《中国统计年鉴》只提供了可变价格的工资总额和离退休退职费总额，因价格波动的影响，不同年份的总额数据不

① 虽然少部分离退休老年人居住在农村，但是其户口特征仍为非农业户口，因此，这并不影响城镇老年人的数量和规模。

表 3-1 离退休、退职费总额和职工工资总额的变化趋势

年份/年	可变价格/亿元		退休总额占在职工资比例/%	可比价格/亿元	
	职工工资总额	离退休、退职费总额		职工工资总额	离退休、退职费总额
1980	772.4	50.4	6.53	914.96	59.70
1981	820.0	62.3	7.60	948.58	72.07
1982	882.0	73.1	8.29	1 001.28	82.99
1983	934.6	87.3	9.34	1 045.32	97.64
1984	1 133.4	106.1	9.36	1 233.14	115.44
1985	1 383.0	145.6	10.53	1 383.00	145.60
1986	1 659.7	169.1	10.19	1 558.40	158.78
1987	1 881.1	204.3	10.86	1 645.76	178.74
1988	2 316.2	270.2	11.67	1 705.60	198.97
1989	2 618.5	313.2	11.96	1 634.52	195.51
1990	2 951.1	388.9	13.18	1 786.38	235.41
1991	3 323.9	459.9	13.84	1 946.08	269.26
1992	3 939.2	569.1	14.45	2 167.97	313.21
1993	4 916.2	747.4	15.20	2 359.02	358.64
1994	6 656.4	1 026.2	15.42	2 574.01	396.83
1995	8 100.0	1 285.9	15.88	2 675.03	424.67
1996	9 080.0	1 532.1	16.87	2 769.14	467.25
1997	9 405.3	1 766.3	18.78	2 790.06	523.97
1998	9 296.5	2 043.6	21.98	2 780.05	611.12
1999	9 875.5	2 388.2	24.18	2 995.28	724.36
2000	10 656.2	2 693.6	25.28	3 219.39	813.78
2001	11 830.9	3 071.2	25.96	3 549.61	921.45
2002	13 161.1	3 659.4	27.80	3 980.96	1 106.9
2003	14 743.5	4 148.9	28.14	4 406.31	1 239.96
2004	16 900.2	4 510.9	26.69	4 919.6	1 313.11
2005	19 789.9	5 253.2	26.54	5 636.92	1 496.31

资料来源：1980～1989年职工工资总额来自《中国财政年鉴1995》，其他年份的数据来自《中国统计年鉴2008》；1980～1989年的离退休、退职费总额来自《中国劳动统计年鉴1998》，1990～2000年的离退休、退职费总额来自《中国劳动统计年鉴2003》，2001～2005年的离退休、退职费总额来自《中国劳动统计年鉴2006》；价格指数根据相关年份的《中国统计年鉴》计算而来。

注：《中国财政年鉴》《中国统计年鉴》和《中国劳动统计年鉴》提供的职工工资总额和离退休、退职费总额小数点后均只保留了一位数。

具备较好的可比性，因此，研究收入水平时还应该观察收入的相对水平（杜鹏，1999）。如果将可变价格指数按照 1985 年不变价格进行计算，可有效提高不同年份总额变动幅度和变动趋势的可比性。

按照 1985 年不变价格计算，1980 ~ 2005 年，职工工资总额由 914.96 亿元增加到 2005 年的 5 636.92 亿元，增长了 5.2 倍。其中，1980 ~ 2000 年，职工工资总额年均增长 115.2 亿元，2000 ~ 2005 年则年均增长 483.5 亿元，按照不变价格计算的后 5 年职工工资增速是前 20 年的 4.2 倍。

3.2.2　离退休金总额的增长趋势

按照可变价格计算，离退休、退职费由 1980 年的 50.4 亿元增加到 2005 年的 5 253.2 亿元，25 年增长了 104.2 倍。与各年职工工资总额的变化趋势相似，离退休、退职费的增长也呈现加速的趋势，其中，1980 ~ 2000 年，离退休、退职费年均增长 132.2 亿元，2000 ~ 2005 年则年均增长 511.9 亿元，增速是前 20 年的 3.87 倍。虽然离退休、退职费从 1980 ~ 2005 年的增长倍数远远高于在职人员工资总额变动情况，但年均增长幅度远远低于在职人员工资的增幅，其主要原因应该是由离退休、退职费的基数偏小所致。

如果按照不变价格计算，1980 ~ 2005 年，离退休、退职费总额由 59.70 亿元增加到 2005 年的 1 496.31 亿元，增长了 24.1 倍。其中，1980 ~ 2000 年，离退休、退职费总额年均增长 37.7 亿元，2000 ~ 2005 年则年均增长 136.5 亿元，增速是前 20 年的 3.6 倍。

尽管按照不变价格计算离退休、退职费总额及职工工资总额的增幅都大大降低，但二者的相对增长趋势与按照可变价格计算的结果具有相似之处，离退休、退职费总额占职工工资总额的比例呈拉长的 S 状趋势，即 1980 ~ 1996 年，离退休、退职费总额占职工工资总额的比例缓慢上升，年均增长 0.65%；1997 ~ 2003 年该比例快速上升，年均增长 1.61%；2003 ~ 2005

年逐渐下降,年均降低了0.8个百分点。由此可见,25年来,尽管离退休、退职费总额在不断增加,但其增速和增幅都明显低于职工工资总额的增长情况,尤其是在2003年以后,这种差异越发明显(图3-1)。

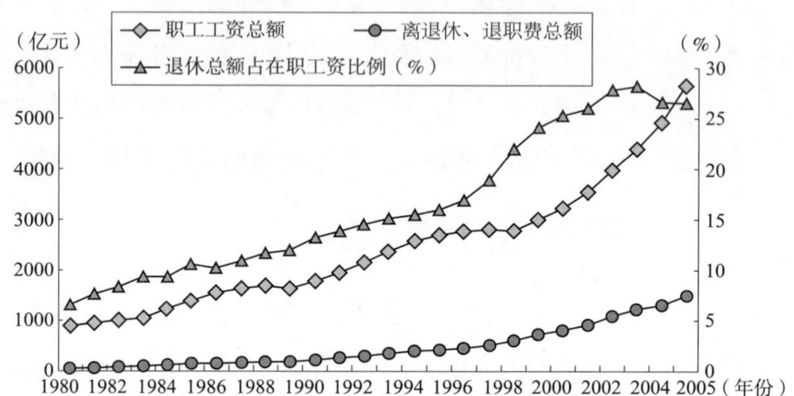

图3-1 离退休、退职费总额及在职职工工资总额变化趋势(1985年不变价格)

数据来源:同表3-1资料来源。

3.2.3 人均工资的增长趋势

1980~2005年,按照可变价格计算的职工年均工资由762元提高到18 364元(表3-2),共提高了23.1倍。与职工工资总额的加速增长趋势相同,1980~2000年,职工平均工资年均增加了704.08元,2000~2005年,年均增加1 798.6元,后5年职工平均工资的年均增长幅度是前20年的2.55倍。

如果按照1985年不变价格计算,1980~2005年,职工平均工资由903元提高到5 230元,共提高了4.79倍。其中,1980~2000年,职工平均工资年均增加了96.42元,2000~2005年,年均增加479.93元,后5年职工平均工资费的年均增长幅度是前20年的4.98倍。

受价格增长指数的影响,虽然按照可比价格计算的职工平均工资年均增长速度及增长幅度远远低于可变价格,但在消除价格因素的影响后,

2000～2005年职工平均工资年均增长幅度比1980～2000年更快。

3.2.4　人均离退休金的增长趋势

1980～2005年,按照可变价格计算的人均离退休、退职费由714元提高到10 761元(表3－2),共提高了14倍。其中,1980～2000年人均离休、退休、退职费年均增加了323.8元,2000～2005年年均增加714.2元,后5年离退休、退职费的年均增长幅度是前20年的2.2倍。

表3－2　离退休、退职费和职工平均工资的变化趋势

年份/年	可变价格/元		平均离退休金占在职工资的比例/%	可比价格/元	
	平均工资	平均离退休金		平均工资	平均离退休金
1980	762	714	93.70	902.84	845.97
1981	772	706	91.45	893.52	817.13
1982	798	709	88.85	905.79	804.77
1983	826	726	87.89	923.94	812.08
1984	974	766	78.64	1 059.85	833.51
1985	1 148	935	81.45	1 148.00	935.00
1986	1 329	983	73.97	1 247.89	923.00
1987	1 459	1 083	74.23	1 276.47	947.51
1988	1 747	1 322	75.67	1 286.45	973.49
1989	1 935	1 450	74.94	1 207.87	905.12
1990	2 140	1 713	80.05	1 295.40	1 036.92
1991	2 340	1 968	84.10	1 370.02	1 152.22
1992	2 711	2 290	84.47	1 492.02	1 260.32
1993	3 371	2 811	83.39	1 617.56	1 348.85
1994	4 538	3 633	80.06	1 754.83	1 404.87
1995	5 500	4 311	78.38	1 816.38	1 423.71
1996	6 210	4 903	78.95	1 893.87	1 495.27

续表

年份/年	可变价格/元		平均离退休金占在职工资的比例/%	可比价格/元	
	平均工资	平均离退休金		平均工资	平均离退休金
1997	6 470	5 429	83. 91	1 919. 31	1 610. 50
1998	7 479	5 934	79. 34	2 236. 54	1 774. 52
1999	8 346	6 576	78. 79	2 531. 39	1 994. 54
2000	9 371	7 190	76. 73	2 831. 12	2 172. 21
2001	10 870	7 784	71. 61	3 261. 33	2 335. 43
2002	12 422	8 881	71. 49	3 757. 41	2 686. 33
2003	14 040	9 485	67. 56	4 196. 05	2 834. 73
2004	16 024	9 808	61. 21	4 664. 92	2 855. 31
2005	18 364	10 761	58. 60	5 230. 42	3 064. 94

资料来源:1980～1990 年职工平均工资来自《中国统计年鉴 1991》,其他年份的数据来自《中国统计年鉴 2007》职工平均工资及指数表;1980～1989 年的离退休、退职费总额来自《中国劳动统计年鉴 1998》,1990～1999 年的人均离退休、退职费来自《中国劳动统计年鉴 2003》,2000～2005 年的人均离退休、退职费来自《中国劳动统计年鉴 2006》;价格指数根据相关年份的《中国统计年鉴》计算而来。

注:《中国财政年鉴》《中国统计年鉴》和《中国劳动统计年鉴》的职工工资和离退休、退职费只提供了整数。

如果按照 1985 年不变价格计算,1980～2005 年人均离退休、退职费由 845. 97 元提高到 3 064. 94 元,共提高了 2. 62 倍。其中,1980～2000 年人均离退休、退职费年均增加 66. 32 元,2000～2005 年,年均增加 178. 59 元,后 5 年离退休、退职费的年均增长幅度是前 20 年的 2. 69 倍。可见,在消除价格因素的影响后,2000～2005 年离退休、退职费的年均增长幅度比 1980～2000 年更大。

如果按照人均离退休、退职费的倍增时间计算,人均离退休、退职费从 1980 年的 714 元,到 1989 年后翻一番,达到 1 450 元(表 3－2),到 1993～1994 年翻了两番,1998～1999 年翻了三番。人均离退休、退职费翻三番的时间比在职职工平均工资翻三番的时间晚三年,翻一番、两番的时间也相应较长。此外,在职职工平均工资在 22 年内就已经翻了四番,而人均离退休、退职费在 25 年内都未能翻四番。由人均离退休、退职费的起点低、增长速度慢、倍增时间长可见,人均离退休、退职费与在职职工平均工资的差距将会越来越大。

3.2.5　城镇居民收入的广义代际差距

由上述对国内代际关系研究的述评可见,目前,国内对代际的划分尚未统一标准,代际划分结果主要包括三代、四代和五代三种。由于本研究的研究视角主要集中在老年人和中老年人的收入代际差距,所以,在描述了在职职工工资和离退休金的增长趋势后,有必要对广义的收入代际差距进行相应分析。

如前所述,本研究对广义代际的定义是指 20 ~ 59 岁的青壮年一代和 60 岁及以上的老年人一代的关系。虽然部分退休、退职人员尚不足 60 岁,但由于历年离退休、退职费的统计数据缺乏相应年龄的划分,因此,本研究仅对离退休、退职人员及在职职工的收入进行大致分析。由于离退休、退职费和在职职工平均工资缺乏具有年龄特征的个案数据,因此提出适合衡量不同年龄组收入差距的指标,即用人均离退休、退职费占在职职工平均工资的比值来衡量广义代际差距,该比例越大,说明离退休、退职费与在职职工平均工资越接近,二者的差距就越小;反之,差距就越大。

由在职职工及离退休、退职人员人均收入的分析可见,尽管离退休、退职费及在职职工平均工资都不断提高,但二者的提高速度大不相同:1980 ~ 1985 年两者差距较小,离退休、退职费占在职职工平均工资的比例在 80% 以上;而 1986 ~ 1996 年,在职职工平均工资的增长速度已超过人均离退休、退职费的变化,只有个别年份人均离退休、退职费的增长速度较快,因此,人均离退休、退职费占职工平均工资的比例呈波状下降趋势;1997 ~ 2005 年,职工平均工资的提高速度直线上升,人均离退休、退职费的增长速度相对较慢，人均离退休、退职费占在职职工平均工资的比例几乎直线下降，2005 年该比值已降至 58.6%，8 年间降幅高达 25 个百分点（图 3－2）。由此可见，居民收入代际差距不断扩大。与我国改革前基本养老金的目标替代率 58.5% 相比，虽然到 2005 年我国人均离退休金与职工工资之比略高于该替代率，但是，如果将其与改革后的替代率 59.2% 相比，人均离退休金已降至收入差距的不合理边缘。为缩小不合理的居民收入代际差距，适当提高部分老年人的离退休金尤为必要。

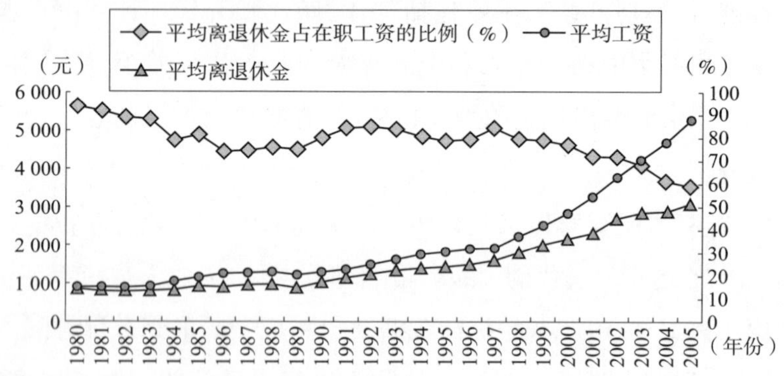

图 3－2　人均离退休金及平均工资变化趋势

数据来源：同表 3－2。

3.2.6　不同单位类型的离退休金差距

由以上人均离退休金及职工平均工资的变化趋势可见，离退休金的增长幅度较小，与在职职工工资相比不断下降。那么，不同单位类型的离退休金都呈现相同的变化趋势，还是只有部分单位类型的离退休人员收入偏低所致？对此，我们要对不同单位类型的离退休金增长情况进行逐一分析。

在人均离退休、退职费的增长过程中，企业、事业和机关单位的人均离退休金的增长存在很大差距：1990～2005 年，企业离退休金增长了 4.3 倍，增加了2 485元，而机关、事业单位的离退休金分别增长了7.7倍和9.2倍，增加了6 502和8 390元。由于企业离退休金的起点和增长幅度均小于机关事业单位，以致企业与机关、事业单位的离退休金差距不断增大：1990～1995年企业、事业和机关单位的最高和最低离退休金相差340～1 800元，1995～2000年该差距开始扩大，机关单位的离退休金比企业多3 700元，是企业离退休金的1.6倍左右；2000～2005年该差距进一步扩大，2005年机关单位的离退休金比企业多9 600元以上，是企业离退休金的2.09倍。事业单位的离退休金介于企业和机关单位，并与机关单位的离退休金较为接近。与在职职工工资相比，离退休金的增长速度偏低；与不同单位类型的离退休金相比，企业离退休金的起点及其增长速度均远远低于机关、事业单位（图3－3）。

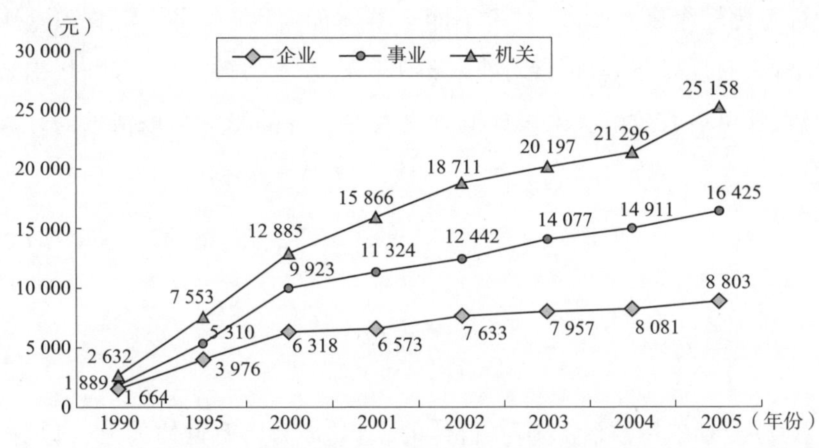

图3－3 不同单位类型的离退休金增长趋势

数据来源：《中国劳动统计年鉴2006》。

2000～2005年，用不同单位类型的离退休金与在职职工平均工资相比，虽然离退休费与在职职工平均工资之比均不断下降，但该比值的起点和下降幅度差距明显：企业离退休金与在职职工平均工资之比由67.42%下降到47.94%，5年下降了19.5个百分点；事业离退休金与平均工资之比由105.89%下降到89.44%，5年下降了16.45个百分点；而机关离退休金与在职职工平均工资之比始终大于1，且5年仅下降了6.68个百分点。企业离退休金最低，与在职职工平均工资的代际差距最大，而且该差距已超出养老金替代率的水平，出现了收入代际差距不合理的状况。

与机关、事业单位离退休金相比，企业离退休金最低，与平均工资相比，企业离退休金与平均工资的代际差距已超出合理区间。为了提高企业离退休老年人生活水平，缩小不合理的代际差距，尤其需要提高企业离退休金。该分析在很大程度上为连续提高企业离退休金政策提供了数据支持。

正如前文所述，虽然基尼系数是衡量不平等的传统指标，但是，基尼系数只能测量整个人群的收入不平等，不能对人口总体内不同子群体的收入差距进行比较衡量。此外，对于不同子群体而言，在存在一定收入差距的情况下，人口规模不同，也会对收入不平等产生重要的影响。此时，引入泰尔指数，就可以有效解决人口规模对收入不平等的影响。该指数的计算公式为：

$$I(O)=\frac{P_i}{P}\sum_{i=1}^{N}\log\frac{\bar{y}}{y_i} \qquad (3-7)$$

$$\bar{y}=\frac{\sum_{i=1}^{N}y_i}{N} \qquad (3-8)$$

$I(O)$为泰尔指数，P_i为第i群体的人口，P为所有群体的总人口，y_i是i群体的人均收入，$\bar{y}$是y_i的平均值。

如果把企业人均离退休金看作y_1，把事业人均离退休金看作y_2，把机关单位人均离退休金看作y_3，将事业离退休人数看作第1个群体的人口，将事业离退休人数看作第2个群体的人口，将机关单位离退休人数看作第3个群体的人口，利用泰尔指数公式，可以在考虑不同单位类型离退休人员构成的基础上，分析企业、事业和机关离退休金的收入差距（表3－3）。

表3-3　1990~2005年不同单位类型的离退休金差距

年份/年	I(O)	年份/年	I(O)	年份/年	I(O)	年份/年	I(O)
1990	0.034 9	1994	0.086 2	1998	0.072 1	2002	0.119 4
1991	0.039 8	1995	0.070 4	1999	0.083 4	2003	0.136 4
1992	0.053 0	1996	0.068 8	2000	0.097 0	2004	0.150 0
1993	0.053 8	1997	0.078 4	2001	0.127 4	2005	0.154 1

注：根据图3-3相关数据计算得来。

总体而言，不同单位类型的离退休收入差距随着时间的推移不断扩大，分别于1995年和2001年前后出现两个小高峰（图3-4）。此后虽略有下降，但其扩大趋势终未改变，企业与机关、事业单位的离退休金差距越来越大。在离退休金与在职职工工资差距不断拉大的背景下，企业与机关、事业单位的收入差距也在拉大。结合以上分析可见，收入代际差距的拉大主要发生在企业离退休金与在职职工收入之间，对于机关、事业单位，其收入的代际差距却相对要小许多。无论从泰尔指数角度，还是从代际差距角度考虑，提高企业离退休金势在必行。

2007年，我国企业退休人员有4 719万人（福建省劳动和社会保障厅信息中心，2007）。近年来，党和政府高度重视企业退休人员基本生活保障工

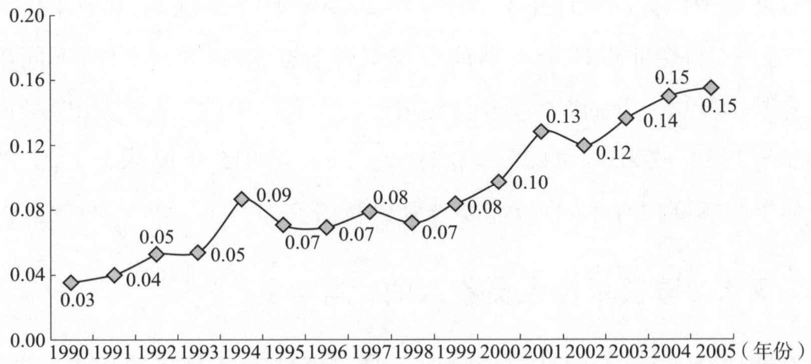

图3-4　1990~2005年用泰尔指数反映的不同单位类型的离退休金差距

资料来源：《中国劳动统计年鉴2006》。

作。自2005～2007年，国家连续三年提高企业退休人员基本养老金，企业月人均养老金从714元提高到963元。尽管如此，2007年的企业离退休金仍然偏低，仅相当于机关、事业单位2000年或2001年的收入水平，因此，国务院常务会议决定，2008～2010年，企业退休人员养老金将再连涨三年，且涨幅高于前三年，月均离退休金将超过1 200元（刘铮、张晓松，2007）。该决定对于切实提高企业离退休金、缩小企业离退休人员与机关、事业单位的行业差距以及与在职职工的代际差距具有重要作用。

3.3 2006～2015年在职人员与离退休人员收入的变化趋势

在2005～2016年的在职人员工资总额和人均工资方面，相关统计年鉴，如《中国劳动统计年鉴2016》等仅呈现了城镇单位就业人员规模和工资总额，对于其他类型单位就业人员，相关年鉴未能体现。本研究仅以城镇单位就业人员为例进行研究。此外，在《中国劳动统计年鉴2016》的退休金呈现方式中，与1990～2005年分为机关、事业、企业三种单位类型的退休金不同的是，《中国劳动统计年鉴2016》将2006～2015年机关、事业单位退休金合二为一，将企业退休金与其他单位退休金合并显示。此外，不同单位类型的退休金总额分别以“基金收支情况（亿元）”中的“基金支出”额度呈现。即与1980～2005年的25年相比，在2006～2015年退休金方面，单位类型和支出额度均有不同，故需要分别进行研究。

3.3.1 城镇单位人员收入的代际差距

2006～2015年，无论是城镇就业人员工资总额还是离退休人员收入，都经历大幅增长过程。其中城镇就业人员工资总额由24 262.32亿元增加到112 007.79亿元，城镇职工基本养老保险支出总额由4 896.66亿元增加到

25 812.73亿元。但是从增加幅度看,城镇就业人员工资总额增幅更大,特别是2012年以后,增幅更为明显,与离退休金总额差距越来越大。例如,城镇就业人员工资总额在2006年比城镇职工养老保险支出总额多19 365.66亿元,到2015年比城镇职工养老保险支出总额多86 195.06亿元,在一定程度上表明城镇就业人员收入和城镇退休人员收入差距不断扩大(图3-5)。

从支付给城镇退休人员养老金的支出总额占城镇就业人员工资总额的比例看,2006~2015年的10年来经历了"三升两降"的变化后,总体比例有所提高。从2006~2010年城镇退休人员养老金支出总额占城镇就业人员工资总额的比例连续4年上升后,在2011年有所下降,2012年略有增长后,到2013年又经历了较大幅度下降,即2011~2013年,城镇退休人员养老金支出总额占城镇就业人员工资总额的比例经历了"之"字形变化,此后,2014~2015年几乎直线上升,而且上升幅度超过下降幅度,总体比例在10年间提高了2.87个百分点。

在2006~2015年的10年间,不管是城镇就业人员人均工资还是城镇职

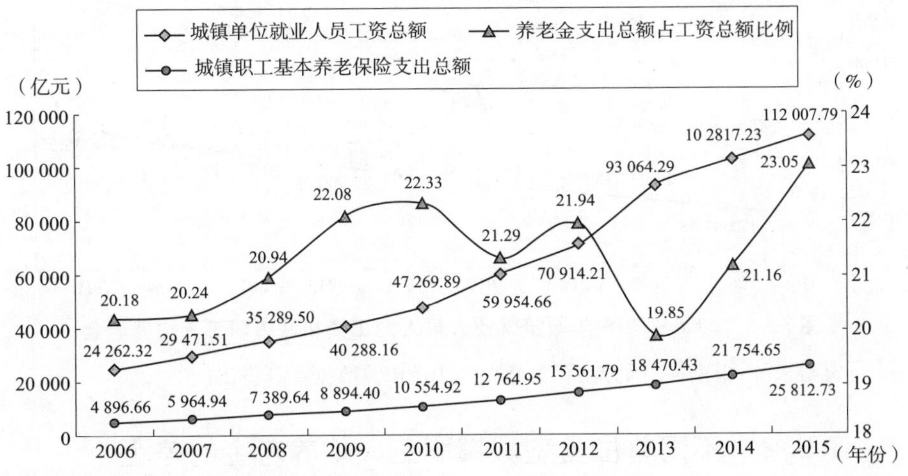

图3-5　2006~2015年城镇就业人员工资总额和城镇职工养老保险支出总额

资料来源:《中国劳动统计年鉴2016》。

工人均养老保险支出额(以下简称人均退休金)都有所增加,但是人均工资增加了41 297.55元,人均退休金仅增加了17 671.94元,换言之,就业人员人均工资10年增加了2.99倍,离退休人员人均收入增加了2.67倍。由于人均工资增加幅度远远大于人均退休金增加幅度,导致收入代际差距随之扩大。

2006~2013年,人均退休金占人均工资的比例连续7年下降,降幅总共达6.30个百分点,表明该期间城镇单位就业人员平均工资和城镇单位退休人员退休金代际差距也不断扩大。但是2013~2015年,人均退休金占人均工资的比例有所提高,提高幅度虽然较小(0.84个百分点),仍然表明党的十八大以来,城镇单位就业人员收入与退休人员收入差距扩大趋势得以扭转,收入代际差距的变化得到方向性改变,对于缩小城镇居民收入差距意义重大(图3-6)。

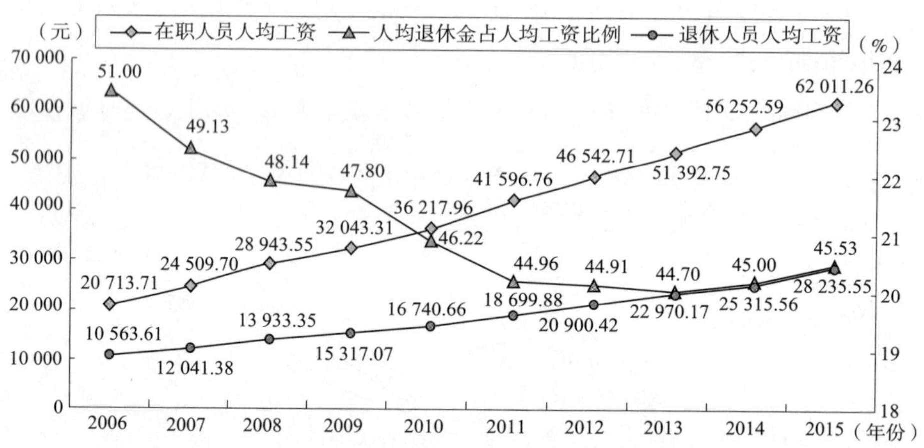

图3-6 2006~2015年城镇就业人员人均工资和城镇职工人均养老金

资料来源:根据《中国劳动统计年鉴2016》相关数据计算得出。

3.3.2 不同单位类型城镇职工人均养老金的差距

2006~2015年,机关事业单位和企业及其他单位退休人员人均养老金分别由15 357.86元和10 114.90元,增加到44 128.03元和27 108.33元,分别增加了 28 770.17 元和 16 993.43 元，增加幅度分别为 1.87 和 1.68 倍。虽然机关事业单位人均养老金增加幅度较大，但不同单位类型的退休金差距在绝大部分年份缩小。2006 ~2014 年，企业及其他单位人员退休金占机关事业单位退休金比例增加了近 10 个百分点（图 3 –7）。

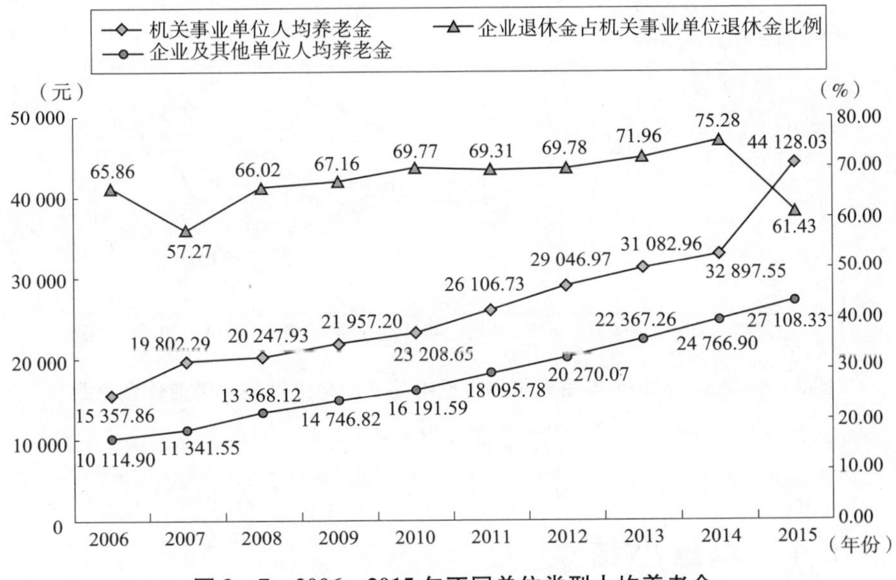

图 3 –7　2006 ~2015 年不同单位类型人均养老金

资料来源：是根据《中国劳动统计年鉴 2016》相关数据计算得来。

总体而言，不同单位类型的离退休收入差距随着时间的推移不断缩小，除了 2007 年和 2015 年出现两个高峰外，其他年份的泰尔指数均呈现下降趋势，表明机关事业单位与企业及其单位离退休金之间的差距在慢慢缩小（图 3 –8）。在离退休金与在职职工工资差距不断拉大的背景下，伴随企业养老金“十二连涨”，企业与机关事业单位退休人员的养老金收入差距终于开始不断减少。与 1990 ~2005 年收入代际差距情况类似，收入代际差距的拉大主要来源于企业离退休金与城镇单位就业人员之间的收入差距，对于机关事业单位，其收入的代际差距却相对较小。但对于 2015 年机关事业单位与企业及其他单位退休人员的退休金差距扩大的原因，有待进一步分析。总体而言，无论从城镇单位人员收入代际差距看，还是从分单位类型的退休金泰尔指数看，在缩小收入差距方面，提高企业离退休金仍然有一定空间。

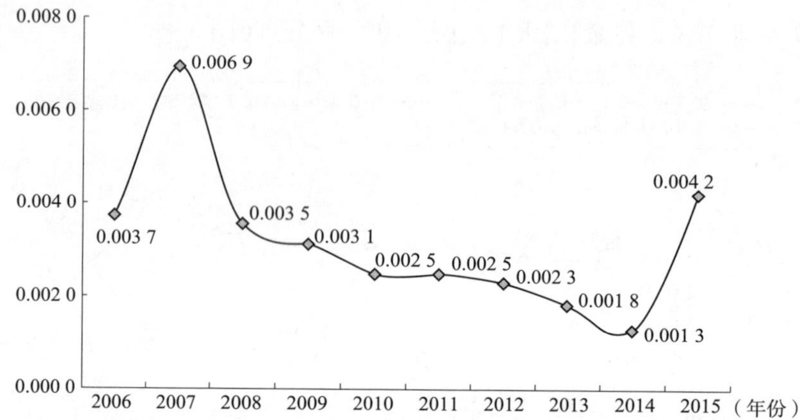

图 3－8　2006～2015 年用泰尔指数反映的不同单位类型的离退休金差距

资料来源：根据《中国劳动统计年鉴 2016》相关数据计算得来。

3.4　本章小结

3.4.1　研究设计小结

在城镇老年人收入代际差距的研究设计中，首先，对年龄组和时间范围进行了相关界定；其次，在样本数据的选择部分，明确了宏观、微观数据的选择方法和质量评估，在此基础上，选定了 1990 年第一期中国妇女社会地位调查数据和 2010 年第三期中国妇女社会地位调查数据作为本研究的主要微观研究数据，并以《中国劳动统计年鉴》中相关数据为补充；最后，在研究方法的筛选中，明确了即将使用的比值法、收入等分法、泰尔指数法，同时，重点讨论了泰尔指数的计算公式、国内外的广泛使用情况和本研究使用该方法的可行性分析。

3.4.2　历时性研究小结

通过对 1980 ~ 2015 年离退休、退职费总额，工资总额，人均离退休、退职费，在职职工平均工资以及人均离退休，退职费与在职职工平均工资的比较分析，可以得出以下四个基本结论。

第一，1980 ~ 2015 年离退休、退职费总额和职工工资总额都呈现显著增长趋势，离退休、退职费和职工平均工资也呈现大幅增长的趋势，而且，随着社会经济发展和时间推移，以上四个指标都具有加速增长的趋势，后 10 年的年均增长幅度大于前 25 年的年均增长幅度。不论是工资总额还是职工平均工资，其增幅都大于离退休、退职费总额及人均离退休金，在不考虑转移支付、财产性收入的情况下，该增长趋势致使离退休老年人的收入与在职职工的收入代际差距不断增大。

第二，对 1980 ~ 2005 年不同单位类型的离退休费比较进行分析发现，企业离退休费的起点及其增长速度均远远低于机关、事业单位；三种单位类型的离退休金与平均工资相比，企业离退休费最低，尚不及在职职工平均工资的一半，代际差距最大；机关单位的离退休费却高于在职职工平均工资。不论是从企业离退休费与平均工资的代际差距而言，还是从企业离退休金在不同单位类型中的差距而言，均已表明企业离退休金最需要不断提高。2006 ~ 2015 年企业及其他单位人均退休金与机关事业单位人均退休金的差距有所缩小，企业退休金连续“十二连涨”政策成效显著。

第三，从泰尔指数来看，不同单位类型的离退休收入差距随着时间的推移不断扩大。即在离退休金与职工工资差距不断拉大的背景下，1990 ~ 2005 年企业与机关事业单位的收入差距在快速拉大，而且，中老年人收入代际差距拉大主要发生在企业离退休金与在职职工收入之间。在 2006 ~ 2015 年机关事业单位和企业及其他单位退休人员退休金收入差距扩大的情况下，无论从泰尔指数测量的不同单位类型的代内差距角度，还是从在职人员与退休人员收入代际差距角度考虑，提高企业离退休金都势在必行。

第 4 章 城镇中老年人收入差距实证研究

经过以上的研究设计、实证研究方法和数据的筛选后，将正式进入实证研究部分，以期通过对我国城镇老年人收入及其性别差距进行系统分析，准确刻画我国城镇中老年人收入性别差距的变化趋势，在探讨该变化产生原因及其影响的基础上，分别对不同地区、不同行业、不同单位类型被访者收入性别差距的合理性问题展开讨论，并针对不合理差距提出对策建议。本研究集中分析城镇 40 ~ 79 岁被访者收入及其性别差距问题。所使用的数据主要为 1990 年第一期中国妇女社会地位调查和 2010 年第三期中国妇女社会地位调查两套调查的城镇数据。

4.1 数据来源与样本特征

4.1.1 数据来源

本研究所用数据来自全国妇联和国家统计局联合开展的第一期和第

三期中国妇女社会地位调查。

第一期中国妇女社会地位调查以 1990 年 9 月 15 日为标准时点，调查涉及了黑龙江、吉林、辽宁、北京、天津、河北、山西、上海、浙江、安徽、福建、江西、河南、湖北、湖南、广东、广西、四川、贵州、甘肃、青海 21 个省（区、市）。样本设计人数为 42 000 人，样本中男女两性、城乡人口各占一半。

第三期中国妇女社会地位调查以 2010 年 12 月 1 日为标准时点，基于科学、高效和可操作性抽样设计，采用按地区发展水平分层的三阶段不等概率（PPS）抽样方法选取样本。第一阶段抽样单元为县、区和县级市（京津沪为乡、镇、街道），全国样本初级抽样单元为 460 个；第二阶段抽样单元为村、居委会，每个初级抽样单元随机抽选 5 个村、居委会，并按城镇化水平确定村、居委会样本的结构；第三阶段抽样单元为家庭户，每个样本村、居委会随机抽选 15 户；最后在每个被抽中的家庭户中，采用特定随机方法确定各类个人调查问卷的被访者。本次调查共回收个人问卷 29 698 份，有效回收率为 99. 0%，其中个人调查主问卷 26 171 份，占 88. 3%；个人调查主问卷被访者中女性占 51. 6%，男性占 48. 4%；居住在城镇的占 52. 4%，居住在农村的占 47. 6%；从年龄分布看，18 ~ 34 岁占 25. 7%，35 ~ 49 岁占 43. 6%，50 ~ 64 岁占 30. 7%。

第一期和第三期中国妇女社会地位调查均为全国性抽样调查，个人主问卷被访者均为 18 ~ 64 岁中国公民。2010 年第三期中国妇女社会地位调查增加了对老年人的专题调查，调查对象为 65 岁及以上老年人口，调查共回收 65 ~ 85 岁城乡老年人有效问卷 10 793 份。

4. 1. 2　样本基本特征

截至 2015 年年末，中国 60 岁以上老年人达到 2. 22 亿人，这些老年人的出生时间都是在 1955 年以前，为了结合现有大规模调查数据对 1990 年、2010 年城镇中老年人收入进行模拟队列分析，本研究的研究对

象选取 1931 ~ 1950 年出生队列进行比较分析。其中，出生年份为 1931 ~ 1950 年的被访者，在 1990 年调查时年龄在 40 ~ 59 岁，在 2010 年调查时年龄达到 60 ~ 79 岁。将 1990 年和 2010 年调查所得的 1931 ~ 1950 年出生队列的收入进行比较分析，可以发现 1931 ~ 1950 年出生人口收入的时期特征；同时，将 2010 年调查时获得的 1951 ~ 1970 年出生人口收入与 1931 ~ 1950 年出生人口收入进行比较，可以分析同一时点、不同年龄被访者收入的年龄特征。

其中，1990 年第一期中国妇女社会地位调查数据中，出生年份在 1931 ~ 1950 年的城镇样本量为 3 763 人，男性 1 834 人，女性 1 929 人，男女分别占 48.74% 和 51.26%。2010 年第三期中国妇女社会地位调查数据中，出生年份在 1931 ~ 1950 年的城镇样本量为 5 618 人，男性 2 689 人，女性 2 929 人，男女分别占 47.86% 和 52.14%；出生年份在 1951 ~ 1970 年的样本量为 7 030 人，男性 3 295 人，女性 3 735 人，男女分别占 46.87% 和 53.13%。

1990 年样本中 1931 ~ 1950 年出生队列的平均年龄为 48.40 岁，2010 年 40 ~ 79 岁被访者的平均年龄为 57.73 岁。两次调查的被访者平均受教育程度普遍较低，初中及以下受教育程度者均在半数以上，在职或离退休者都在 70% 以上，60% 以上被访者的单位所有制属于国有（国有控股）单位，两次调查中来自东部地区①的被访者最多，来自中部地区者次之，来自西部地区的被访者人数最少。此外，2010 年被访者中 60% 左右在企业就业或从企业离退休，80% 以上为城镇非农业户口。分性别样本基本特征见表 4 - 1。

---

① 东部地区包括北京、天津、河北、辽宁、上海、江苏、浙江、福建、山东、广东、海南 11 个省（市）；中部地区包括山西、吉林、黑龙江、安徽、江西、河南、湖北、湖南 8 个省；西部地区包括内蒙古、广西、重庆、四川、贵州、云南、西藏、陕西、甘肃、青海、宁夏、新疆 12 个省（区、市）。由于京津沪经济发展水平和个人收入水平更高，为了更为深入地分析，本研究将京津沪从东部地区剥离出来。同时，此次抽样调查数据能够满足对京津沪进行单独分析的需求。

表 4－1　分性别样本基本特征

样本基本特征	1990 年		2010 年	
	男	女	男	女
平均年龄/岁	48.35	48.45	57.92	57.56
出生年份/%				
1931～1940 年出生队列	42.30	44.46	21.82	21.17
1941～1950 年出生队列	57.70	55.54	23.11	22.78
1951～1960 年出生队列	—	—	23.92	23.04
1961～1970 年出生队列	—	—	31.15	33.01
受教育程度/%				
初中及以下	58.23	76.99	53.23	64.86
高中/中专	23.42	16.78	28.27	24.69
大专及以上	18.35	6.24	18.50	10.45
就业状况/%				
在业	91.77	62.46	49.91	32.28
离退休	7.37	20.41	38.09	37.65
不在业	0.86	17.13	12.00	30.07
单位类型/%				
党政机关/人民团体	—	—	11.76	5.16
事业单位	—	—	18.64	18.17
企业	—	—	59.83	61.88
个体工商户及其他	—	—	9.77	14.79
单位所有制/%				
国有（国有控股）	78.44	63.73	75.74	69.66
集体所有制	16.33	29.41	9.36	17.62
其他所有制	5.23	6.86	14.90	12.72
户口性质/%				

续表

样本基本特征	1990 年		2010 年	
	男	女	男	女
非农业户口	—	—	87.48	86.41
农业户口	—	—	12.52	13.59
区域分布/%				
京津沪	8.02	9.25	15.44	14.78
东部地区	36.87	35.58	31.20	29.53
中部地区	29.87	29.93	28.81	29.86
西部地区	25.24	25.24	24.55	25.83
平均收入/元	2 692.28	1 910.05	23 998.04	14 971.35
样本量/人	1 834	1 929	5 856	6 529

注:数据统计时进行了四舍五入。

4.1.3 年均收入特征

在1990年第一期中国妇女社会地位调查中,1931～1950年出生队列的最低收入为0元,最高收入为46 800元,收入均值为2 291.29元,标准差为2 201.93元。从收入四分位看,1/4的1931～1950年出生队列的收入水平在1 440元及以下,半数1931～1950年出生队列的收入水平在2 040元及以下,3/4的1931～1950年出生队列收入低于2 664元。《中国统计年鉴2011》显示,1990年中国城镇居民人均全部年收入1 510.20元,第一期中国妇女社会地位调查表明,在城镇1931～1950年出生队列中,在调查当年的人均收入水平低于城镇居民人均收入的占26.60%。

在2010年第三期中国妇女社会地位调查中,40～79岁中老年被访者的最低收入为0元,最高收入为300 000元,收入均值为19 239.44元,标准差为19 311.22元。从收入四分位看,2010年有1/4的中老年被访者收入在 7 910 元及以下，半数中老年被访者的收入在 15 000 元及以下，3/4 中老年被访者的收入低于 24 688 元。《中国统计年鉴 2011》显示，2009 年我国城镇居民人均全部年收入 17 174.70 元，此次调查表明城镇有 55.35% 的 40 ~ 79 岁被访者在调查前一年年均收入低于城镇居民人均收入。其中，40 ~ 59 岁中年人的平均收入低于城镇居民人均收入的占 53.70%，60 ~ 79 岁老年人的平均收入低于城镇居民人均收入的占 57.96%，老年人口中人均收入低于城镇居民人均全部年收入的比例高出 40 ~ 59 岁中年人口 4.26 个百分点。

与 1990 年调查相比，2010 年 40 ~ 79 岁被访者最高收入和平均收入分别提高了 5.41 和 7.40 倍，从收入四分位看，2010 年第一个、第二个和第三个四分位点的平均收入分别是 1990 年的 5.49、7.35 和 9.27 倍。经过1990 ~ 2010 年 20 年的经济社会发展，伴随城镇居民收入水平的总体提高，无论是 40 ~ 59 岁中年被访者，还是 60 ~ 79 岁被访者的收入水平，均较 1990 年有了大幅提高。

4.2　中老年人收入差距

4.2.1　中老年人收入变化趋势

在分析中老年人收入分布情况之前，需要首先明确 1990 年和 2010 年两次调查的被访者收入五等分的划分区间及其相应人数。1990 年低收入组的平均收入为 833.73 元，高收入组的平均收入为 4 445.76 元，高收入组的平均收入是低收入组的 5.33 倍。到了 2010 年，低收入组和高收入组的平均收入分别为 1 937.48 和 46 940.58 元，高收入组的平均收入是低收入组的 24.23 倍，收入差距大幅扩大（表 4 - 2）。

表 4－2　1990～2010 年收入五等分的基本状况

收入组	1990 年			2010 年		
	收入区间/元	人均收入/元	人数/人	收入区间/元	人均收入/元	人数/人
低收入组	0～1 332	833.73	752	0～5 720	1 937.48	2 477
较低收入组	1 333～1 800	1 609.96	789	5 721～12 000	9 438.94	2 610
中等收入组	1 801～2 328	2 068.31	716	12 001～19 056	15 548.56	2 344
较高收入组	2 329～2 880	2 551.10	766	19 057～28 500	22 669.47	2 478
高收入组	2 881～46 800	4 445.76	740	28 501～300 000	46 940.58	2 476
合　计	0～46 800	2 291.29	3 763	0～300 000	19 239.44	12 385

注:2010 年第三期中国妇女社会地位调查询问的是上一年收入情况,即 2009 年个人总收入。

以往研究表明,收入与年龄密切相关。将各年龄被访者及其收入进行相关分析发现,虽然 1990 年被访者年龄与收入负相关但不显著,但是到 2010 年,无论是 40～59 岁中年组、60～79 岁老年组,还是包含中老年的 40～79岁年龄组,年龄与收入之间都表现为显著负相关,相关系数见表 4－3。负相关结果表明,在 40～79 岁被访者中,年龄越小收入越高,年龄越大收入越低。该发现与伍小兰(2008)的"老年人年龄越小收入状况越好,高龄老年人的收入状况最差"等研究结果具有一致性,同时表明收入差距在中老年之间正在拉大。

表 4－3　1990～2010 年收入与年龄的相关系数

相关系数	1990 年	2010 年	2010 年	2010 年
被访者年龄/岁	40～59	40～59	60～79	40～79
Pearson 相关系数	－0.027	－0.054***	－0.035**	－0.125***
显著性(双侧)	0.104	0.000	0.009	0.000
N	3 763	6 901	5 484	12 385

注:***指在 0.001 水平下显著相关(双尾),**指在 0.01 水平下显著相关(双尾)。

在总体分析了年龄与收入的相关情况后，有必要对中老年人收入的年龄及其性别差距做进一步研究。

(1)老年人收入变化趋势

收入水平大幅提高。1990 ~ 2010 年，人均收入提高了 8.06 倍，男女分别提高了 9.05 倍和 7.01 倍。在 1990 年第一期中国妇女社会地位调查中，1931 ~ 1950 年出生队列的收入均值为 2 291.29 元，标准差为2 201.93元。在 2010 年第三期中国妇女社会地位调查中，1931 ~ 1970 年出生队列(40 ~ 79 岁中老年被访者)的收入均值为 19 239.44 元，标准差为19 311.22元。与 1990 年调查相比，2010 年被访者平均收入提高了 7.40 倍。即经过 1990 ~ 2010 年 20 年的经济社会发展，伴随城镇居民收入水平的总体大幅提高，无论是 40 ~ 59 岁中年被访者，还是 60 ~ 79 岁被访者的收入水平，均较 1990 年有了大幅提高。

低收入组所占比重增加。与 1931 ~ 1950 年出生队列在 1990 年中年时的收入五等分相比，该出生队列到 2010 年已步入 60 ~ 79 岁老年组，总体表现出收入水平下降趋势:2010 年老年组在低收入组所占比例为 24.45%，高收入组所占比例仅占 15.17%，低收入组比高收入组所占比例高 9.28 个百分点。即便考虑中、高收入组所占比例比中、低收入组高出 5.55 个百分点，仍然无法抵消低收入组与高收入组在比例上增减的差距。与 1931 ~ 1950 年出生队列在 20 年前的收入分布相比，低收入组所占比例增加了 4.47 个百分点，高收入组所占比例减少了 4.50 个百分点，中等及以下收入组所占比例达到 63.10%，比 20 年前增加了 3.12 个百分点，在年龄上表现出随着 1931 ~ 1950 年出生队列年龄增加，由中年步入老年后，收入结构趋于恶化(图 4 - 1)。

收入性别差距明显扩大。分性别来看，2010 年 60 ~ 79 岁老年女性的平均收入比同年龄组男性收入低 9 074.66 元，老年女性的平均收入仅占同年龄组男性收入的 57.71%，老年人口收入性别差距比该出生队列在 1990

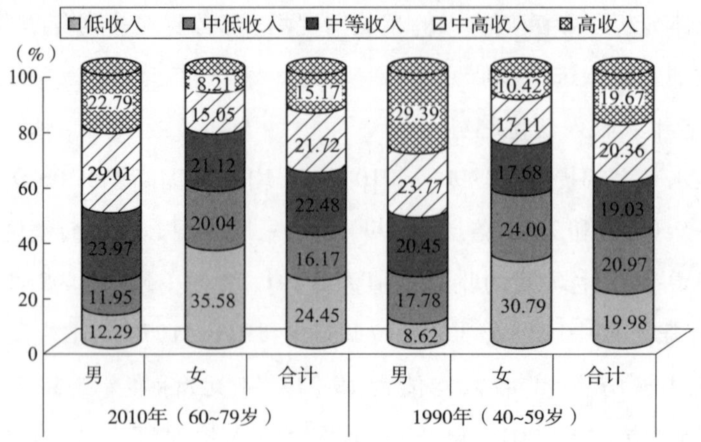

图 4－1　2010 年 60～79 岁及其在 1990 年时的收入状况

注:数据统计时进行了四舍五入。

年中年时的性别差距扩大了 13. 23 个百分点。进一步从收入五等分看，2010 年 60～79 岁老年女性处于低收入组和中低收入组的比例分别为 35. 58% 和 20. 04%，分别比同年龄组男性高 23. 29 和 8. 09 个百分点，比该出生队列 20 年前的性别差距扩大了 1. 12 和 1. 87 个百分点。在中高收入组中，60～79 岁老年女性所占比例为 15. 05%，比同年龄组男性低 13. 96 个百分点，比该出生队列 20 年前的性别差距扩大了 7. 30 个百分点，即使考虑高收入组收入差距缩小情况，仍然表现出收入性别差距扩大的趋势。

(2)老年女性收入双重弱势特征

从收入年龄差距看，2010 年 60～79 岁老年女性平均收入占 40～59 岁中年妇女的 72. 88%，而同龄老年男性的平均收入占 2010 年 40～59 岁中年男性的 82. 37%，老年女性与中年女性收入的年龄差距比男性高 9. 49 个百分点。通过男女老年人收入与同一性别的中年人收入相比可见，2010 年老年女性收入的年龄弱势特征明显。

从收入差距的队列特征看，1931～1950 出生队列在 1990 年 40～59 岁时，中年女性的平均收入占同龄男性收入的 70. 95%，到 2010 年该出生队列步入老年后，60 ~ 79 岁老年女性平均收入仅占同龄男性收入的 57.71%，即随着时间推移，20 年间同一出生队列的收入性别差距扩大了 13.24 个百分点。老年女性与老年男性相比，收入差距的性别弱势特征更加明显。综上所述，对老年女性收入的年龄和队列分析，可以反映老年女性收入在年龄和性别方面的双重弱势特征。

此外，结合对城镇居民收入贫困线分析可见，在老年女性中，从个人收入低于城镇居民收入贫困线的比例看，老年女性的双重贫困特征更加明显。2010 年全国城市低保平均标准每人每月 227.75 元计算，城镇低保平均标准为每人每年 2 733 元。据此计算，2010 年城镇 60 ~ 79 岁老年女性个人收入低于贫困线的占 27.76%，同类男性个人收入低于贫困线的仅占 8.40%；40 ~ 59 岁中年女性个人收入低于贫困线的占 12.31%，60 ~ 79 岁老年妇女个人收入低于贫困线的比例分别是同类男性和 40 ~ 59 岁中年女性的 3.30 和 2.26 倍。老年女性收入同时在年龄和性别两个方面的弱势特征又一次得到证实。

仅基于描述性分析结果虽然能够做出老年女性收入双重弱势特征的判断，但在此基础上基于 APC 交叉分类随机效应模型（Hierarchical APC - Cross - Classified Random Effects Models，HAPC - CCREM）分析结果，对老年女性收入双重弱势特征进行统计推断，更有助于使研究结果更加准确有效。

在分层 APC 交叉分类随机效应模型中，将年龄设定为固定效应，将时期和队列设定为随机效应的混合模型。基础模型在个体层面的表达公式为：

$$Y_{ijk} = r_0 + \beta_1 age_{ijk} + \beta_2 age_{ijk}^2 + \beta_3 sex_{ijk} + u_{0j} + v_{0k} + \varepsilon_{ijk} \qquad (4-1)$$

其中，u_{0j}表示 j 个队列的效应；v_{0k}表示 k 个时期的效应。

分层模型在个体层面的表达式：

$$Y_{ijk} = \beta_{0jk} + \beta_{1jk} age_{ijk} + \beta_{2jk} age_{ijk}^2 + \beta_{3jk} sex_{ijk} + \beta_{4jk} age_{ijk} sex_{ijk}$$

$$+\beta_{5jk}age_{ijk}^{2}sex_{ijk}+\varepsilon_{ijk} \qquad \varepsilon_{ijk}\sim N(0,\sigma^{2}) \qquad (4-2)$$

在时期和队列层面的表达式：

截距效应：$\beta_{0jk}=r_0+u_{0j}+v_{0k}$ (4－3)

性别效应：$\beta_{3jk}=r_3+u_{3j}+v_{3k}$ (4－4)

固定效应中年龄和性别对收入具有显著影响。表 4－4 显示，收入具有较强的年龄二次曲线效应，即随着年龄增长，收入先呈现增长趋势，然后转为下降趋势。在分年龄的收入对性别差距中，40～59 岁中年人收入性别差距较小，到 60 岁以后，收入性别差距不断扩大，特别是到 75 岁以后，性别差距达到最大值（图 4－2）。在性别对收入影响方面，在控制了其他变量后，虽然性别对收入的影响并不显著，但是性别与年龄及年龄二次方的交互项则对收入的影响非常显著。

表 4－4　分层 APC 模型估计值

固定效应	系数及显著性	随机效应方差	系数及显著性
个体层面变量		队列	
截距	2.8329***	截距	3.4508*
年龄	0.1218***	性别	0.0515*
年龄平方	－0.0011***	时期	
性别	－1.1306	截距	0.1094*
年龄×性别	0.0464***	性别	0.0928*
年龄平方×性别	－0.0005***	残差	4.7807*

注：* 指 $P<0.05$；** 指 $P<0.01$；*** 指 $P<0.001$。

收入性别差距的队列效应和时期效应显著。表 4－4 显示，在随机效应中，队列和时期的截距都为正，并在 0.05 水平下具有统计显著性，表明收入在各个队列、各个时期之间都具有显著差别。图 4－3 显示，1931～1935 年出生队列的收入性别差距最大，1946～1950 年出生队列的收入性别差距次之，其他老年队列的收入性别差距相对较小。对于 1931～1935 年出生队

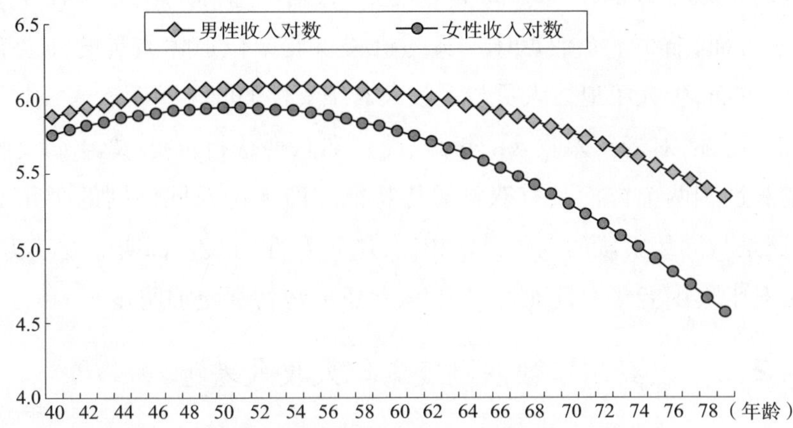

图 4 -2　分年龄的收入对数性别差距

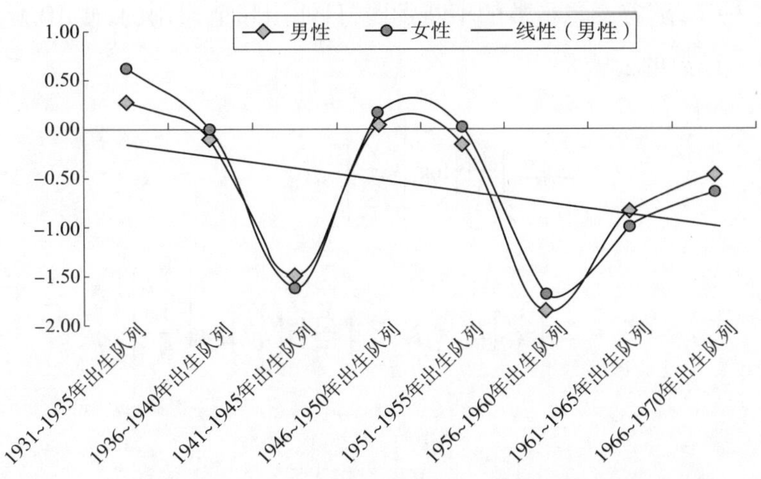

图 4 -3　收入性别差距随出生队列的变化趋势

列而言，在这个队列中青年阶段的绝大部分时间里，我国在收入分配方面基本推行的是平均主义分配政策，收入在性别、年龄方面差异不大，直到该队列于进入老年阶段前后，我国确立了市场经济体制改革和按劳分配为主体、其他分配方式为补充、合理拉开收入差距的改革目标，收入差距开始扩大。在时期效应方面,2005～2017年连续13年的企业养老金呈连年上涨趋势,一方面,缩小了企业退休人员与机关事业单位退休人员的养老金差异;另一方面,扩大了退休人员与零收入老年女性的收入差距。

综上所述,对老年人收入的年龄、性别和队列分析可见,老年妇女收入在年龄和性别两个方面具有双重弱势特征。即无论与同性别的中年女性相比,还是与同年龄段的老年男性相比,老年女性的收入都明显处于劣势,特别是对于贫困老年女性而言,其收入双重弱势特征更加明显。

4.2.2 以泰尔指数法测度老年人收入差距

泰尔指数既有使用样本数据计算的泰尔指数公式,又有使用分组数据计算的泰尔指数公式。其中使用样本数据计算的公式见第3章公式3－3至公式3－6,随着泰尔指数的不断发展,目前国际上通用的、使用分组数据计算泰尔指数的公式是:

$$T = \Sigma_j \Sigma_i \left[\frac{Y_{ij}}{Y}\right] \log \left[\frac{\frac{Y_{ij}}{Y}}{\frac{N_{ij}}{N}}\right] \tag{4-5}$$

$$T_w = \Sigma_j \left[\frac{Y_i}{Y}\right] T_{wi} = \Sigma_i \Sigma_j \left[\frac{Y_i}{Y}\right] \left[\frac{Y_{ij}}{Y_i}\right] \log \left[\frac{\frac{Y_{ij}}{Y_i}}{\frac{N_{ij}}{N_i}}\right] \tag{4-6}$$

$$T_b = \Sigma_i \left[\frac{Y_i}{Y}\right] \log \left[\frac{\frac{Y_i}{Y}}{\frac{N_i}{N}}\right] \tag{4-7}$$

$$T = T_w + T_b \tag{4-8}$$

其中,公式(4－5)T用于计算总体泰尔指数,公式(4－6)T_w用于计算组内泰尔指数,公式(4－7)T_b用于计算组间泰尔指数,公式(4－8)T用于计算组内差距和组间差距之和。Y表示总体收入,Y_i表示第i组的收入,

Y_{ij}表示第 i 组第 j 小组的收入，N 表示总体人口数，N_i 表示第 i 组的人口数，N_{ij}表示第 i 组第 j 小组的人口数，如果 N_{ij} 代表的组小到只有一个人，则 $N_{ij}=1$。泰尔指数 T 是一个大于等 0 的指数，T 值越大表明收入差距越大，T 值越接近于 0，表明收入差距越小。

同一出生队列的收入代际差距。1931～1950 出生队列到 1990 年均已步入 40～59 岁中年组，到 2010 年步入 60～79 岁老年组。把 1990～2010 年样本数据分为 1990 年 40～59 岁中年组和 2010 年 60～79 岁老年组，可以通过泰尔指数计算老年人收入差距的时期效应。由表 4－5 显示的泰尔指数可见，样本总体的组内差距为 0. 107 8，其中，中年组和老年组的组内差距分别为 0. 007 3 和 0. 100 5，组间差距为 0. 126 6。组内差距对泰尔指数的贡献率为 45. 98%，组间差距的贡献率为 54. 02%，组间差距的贡献率大于组内差距 8 个百分点以上。

表 4－5　1990～2010 年收入代际差距

收入代际差距	泰尔指数收入差距			贡献率/%	
	T_w 组内	T_b 组间	T 总	组内	组间
1990～2010 年同一出生队列的收入代际差距	0. 107 8	0. 126 6	0. 234 4	45. 98	54. 02
2010 年不同出生队列的收入代际差距	0. 195 1	－0. 059 1	0. 136 0	143. 48	－43. 48
1990～2010 年同一出生队列的收入性别差距	0. 221 7	0. 001 3	0. 223 0	99. 41	0. 59

注：组内差距的贡献率 $=\frac{T_w}{T}\times 100\%$，组间差距的贡献率 $=\frac{T_b}{T}\times 100\%$。

组内差距和组间差距表明，一方面，伴随 1931～1950 年出生队列年龄增加，从中年组全部步入老年组后，收入差距总体有所扩大；另一方面，按照《国务院关于老干部离职休养制度的几项规定》（国发〔1982〕62 号），在 1949 年前参加工作的被访者到退休年龄后开始享受离休待遇，与此同时，部分没有正式工作的被访者，在年老并失去劳动力后，因无法获得劳动收

入或退休金陷入零收入状态，导致老年人内部收入差距随之扩大，老年组的组内差距开始大于中年组。

此外，对 1931 ~ 1950 年出生队列在不同时期收入分析发现，1931 ~ 1950 年出生队列收入均值和标准差在 1990 年调查时分别为 2 370.02 元和 2 197.39元，在 2010 年调查时分别 18 917.54 元和 14 447.14 元，两次调查合计的收入均值和标准差则分别为 11 822.68 元和 13 724.512 元，1931 ~ 1950 年出生队列离退休后平均收入水平和标准差均大于该队列在中年阶段及中老年合计情况，同时反映了伴随经济社会发展，社会总体收入水平提高带来的老年人收入增加趋势。

不同出生队列的收入代际差距。把 2010 年数据分为 60 ~ 79 岁老年组和 2010 年 40 ~ 59 岁中年组的收入差距，可以通过泰尔指数计算相同年份、不同年龄组收入的年龄效应。由表 4 – 5 中 2010 年中年组和老年组收入差距的年龄特征可见，年龄特征的组内差距①大于组间差距，表明 40 ~ 59 岁中年组和 60 ~ 79 岁老年组各自收入的内部差距更大。与此同时，收入差距的时期特征大于年龄特征，即随着经济社会发展，1990 年的中年组在 2010 年全部步入老年后，同一出生队列不同时期的收入差距，远远大于相同年份老年组和中年组的收入差距，其原因可能与收入分配制度改革及在“提低限高”收入政策实施过程中，不断提高企业退休金有关。

同一出生队列的收入性别差距。把 1990 ~ 2010 年样本数据分为男性组和女性组，在通过泰尔指数计算收入差距的性别效应后，发现 $T_w = T_{wf} + T_{wm} = 0.2217$（表 4 – 5），其中，男性收入的组内差距（$T_{wm} = 0.1280$）是女性收入组内差距（$T_{wf} = 0.0937$）的 1.37 倍。在分性别收入差距中，无论是 2010 年调查时的老年组，还是在 1990 年调查时的中年组，女性收入的中位数和众数分别为 3 600 元和 12 000 元，分别相当于同类男性的 36% 和 60%，女

① 2010 年中年组和老年组收入的组内差距分别为 0.094 6 和 0.100 5，老年组的组内收入差距略大于中年组。

性收入的均值和标准差分别为 9 432. 49 元和 11 356. 74 元,分别占同类男性的 66. 84% 和 74. 15% ,女性的收入水平和离散程度均远远低于同类男性,同时揭示了组内差距“男大女小”、收入水平“男高女低”的并存状况。

4. 2. 3　老年人零收入问题分析

零收入老年人比例偏高。从 2010 年 60 ~ 79 岁零收入老年人占全国老年被访者比例看,高达 11. 34% 的老年人在调查前一年没有任何收入。与该年龄组在 1990 年时的零收入人员所占比例相比,同一出生队列的老年人零收入比例比其在中年时所占比例提高了 8. 26 个百分点,老年组中零收入比例是中年组零收入比例的 3. 68 倍,1990 ~ 2010 年中老年零收入比例如图 4 - 4 所示。之所以出现这种情况,主要与 1990 年部分中年组被访者没有正式工作、没有养老保险有关。一般而言,在中年阶段可以通过打零工或自营方式获得劳动收入,但是随着年龄增加,健康状况或劳动能力下降,伴随 1931 ~ 1950 年出生队列步入老年后,没有退休金的老年人在得不到亲友或相关单位经济帮助情况下,只能处于零收入状态,这无论对于零收入老年人的日常生活,还是对于维持自身健康状况都极为不利。

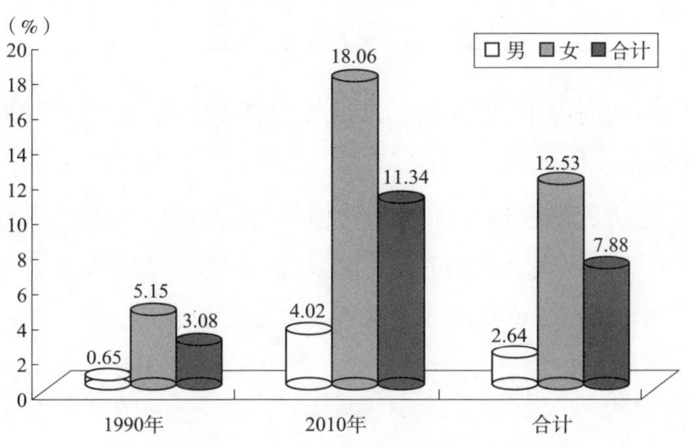

图 4 - 4　零收入被访者所占比例

女性零收入比例远高于男性。总体而言,女性零收入的比例是男性的4.75倍,分年份看,1990年中年组女性零收入比例为5.15%,是同类男性的7.92倍;随着时间推移,到了2010年,1990年时的中年组被访者全部步入老年组,女性老年人零收入比例提高到18.06%,由于男性老年人零收入比例也提高了3.37个百分点,老年女性零收入比例下降到同类男性的4.49倍。尽管如此,从零收入的性别构成看,在1931~1950年出生队列中,1990~2010年,女性零收入被访者始终占零收入被访者的83%以上,老年女性的零收入状况急需引起相关部门的高度关注(图4-5)。

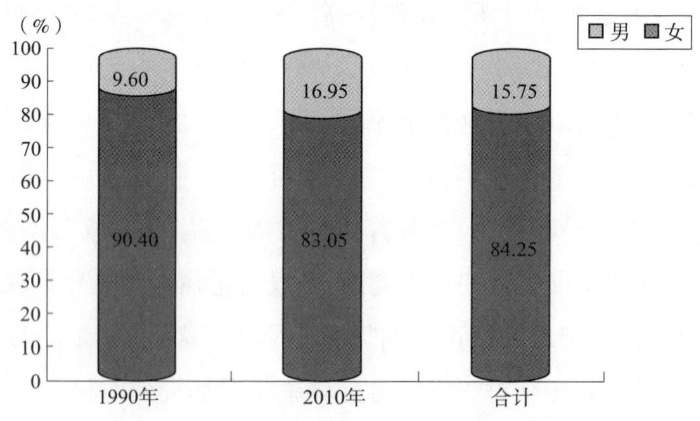

图4-5 零收入性别构成

在零收入的原因中,半数以上是由长期料理家务所致,男女原因各异。在2010年的637位零收入者中,只有1.25%的被访者从未工作过,其他98%以上的被访者都有过工作经历。但是,到他们进入老年后,基本是由于家务劳动、身体或失业/单位兼并重组/破产倒闭原因停止劳动、失去收入来源。其中,在617位既没有退休金又不能劳动的65~79岁[①]零收入老年人口中,"一直/长期在家料理家务"占50.24%,由于"年纪大了,不干

① 由于第三期中国妇女社会地位调查只对65岁及以上未就业老年人调查了具体原因,未对60~64岁被访者进行调查,因此本研究只能对65~79岁老年人的进行分析。

了”和“因病残等丧失工作/劳动能力”等年龄和身体原因，不能再通过自己的劳动获得收入的比例为 49. 59%，其他原因所占比例仅为 0. 17%。

分性别来看，老年女性因“一直/长期在家料理家务”而造成零收入的达到 60. 91%，由于“年纪大了，不干了”和“因病残等丧失工作/劳动能力”而造成零收入的分别占 32. 74% 和 6. 15%。老年男性零收入的主要原因则是“年纪大了，不干了”和“因病残等丧失工作/劳动能力”，分别占 84. 96% 和 12. 39%。老年女性和老年男性由于其他原因造成零收入的比例分别仅为 0. 2% 和 2. 65%。即老年女性零收入主要由于家务劳动所致，老年男性的零收入则主要是由于个人身体原因所致。

4. 3　中老年人收入差距的影响因素

由上述描述性分析发现，1990 ~ 2010 年，城镇居民收入差距呈现不断扩大的趋势，该差距将对老年人的生活质量产生重要影响。那么，哪些因素对老年人收入具有显著影响？基于同一出生队列、不同调查时间的收入而言，哪些因素对同一出生队列老年人的收入差距产生了重要影响？基于相同调查时间、不同出生队列的收入而言，哪些因素对收入差距扩大的年龄效应产生影响？哪些因素对收入的性别差距有影响？这些问题以往研究尚未给出相应答案。本研究以模拟面板调查数据为基础，系统研究收入差距的影响因素。

4. 3. 1　研究目标与假设

根据第 1 章提出的收入差距分析框架建立的回归模型，紧扣中老年人收入研究主题和性别研究视角，利用 1990 年、2010 年调查数据，从年龄效应和性别差距视角，对以下研究假设进行模型验证。

假设 1：收入与年龄显著相关，年龄越大收入水平越低，年龄越低收入

水平越高。

假设 2：收入与性别显著相关,女性收入水平显著低于男性。

4. 3. 2　变量测量

(1)因变量

因变量为个人上一年总收入,是连续型变量,用 C18A 表示。由于收入波动幅度很大,收入的最小值和最大值分别为 0 元和 300 000 元,并具有明显右偏的非正态分布的特征。根据以往经验,对收入取对数处理后(用 logC18A 表示),既可以缩小收入的测定尺度、减少收入的数据波动,又可以使收入对数呈正态分布或对称分布,消除异方差,提高估计参数的精度,使模型的估计更具有可靠性。

(2)自变量

1)性别。性别变量本身就是一个二维变量,用 A1X 表示,女 =0,男 =1。

2)年龄。年龄是连续型变量,在数据库中用 AGE 表示,取值范围为 40 ~79 岁。

3)单位性质。关于单位性质变量,在 1990 年和 2010 年调查中,单位性质选项涉及了"1 国有(含国有控股)、2 城镇集体、3 农村集体、4 私营/个体、5 港澳台投资、6 外商投资和 7 其他",鉴于港澳台或外商投资单位、农村集体单位选项对应的个案较少,[①]同时为了简化选项,在将分类变量转化为虚拟变量过程中,用 C5D1 表示是否国有(含国有控股),否 =0,是 =1;将选项 2 和 3 合并为集体所有,用 C5D2 表示是否集体所有,否 =0,是 =1;将选项4 ~7合并后作为参照组。

4)受教育程度。受教育程度是分类变量,调查问卷的选项分别包括"1

① 数据库中,目前或曾经在港澳台或外商投资单位就业的被访者分别只有 21 人和 89 人、在农村集体单位就业的只有 91 人。

不识字或识字很少、2 小学(初下、高小)、3 初中、4 高中、5 中专/中技、6 大学专科、7 大学本科、8 研究生”,本研究对此进行适当合并,将不识字或识字很少、小学(初下、高小)、初中合并为初中及以下,赋值为 1;将高中、中专/中技合并为高中/中专,赋值为 2;大学专科、大学本科和研究生保持不变,分别赋值为 3 和 4。在虚拟变量转换过程中,用 B3A42 表示是否高中/中专,否 =0,是 =1;用 B3A43 表示是否大学专科,否 =0,是 =1;用 B3A44 表示是否本科及以上,否 =0,是 =1;初中及以下为参照组。

5)离退休状况。在 1990 年和 2010 年的调查中,分别询问了目前的在业状况。在 1990 年调查的“b7 在业/在学状况”,先由调查员用文字据情填写,调查后依据调查员手册编码,数据库中共获得“10. 各类专业技术人员……95. 离退休、退职”等包含职业类型和离退休状况的 25 个选项。在 2010 年调查中,“C1a 目前您是否从事有收入的工作/劳动?”包含 4 个选项,分别是“1 是,2 是,退休后继续工作,3 否,已退休/内退,4 否”。鉴于大部分老年人处于不在业状态,本研究将上述分类变量进行虚拟变量转换,用 C1AX2 表示是否离退休,否 =0,是 =1。

6)职业类型。关于职业类型,1990 年调查涉及了包含的 24 个职业,2010 年调查了 348 个职业。本研究根据国家统计局第六次全国人口普查的职业分类,分别将上述职业合并为各类负责人、专业技术人员、办事人员及有关人员、商业服务业人员、生产设备操作人员、农业生产人员 6 类。

在虚拟变量转换过程中,用 C2CAT61 表示是否各类负责人,否 =0,是 =1;用 C2CAT62 表示是否专业技术人员,否 =0,是 =1;用 C2CAT63 表示是否办事人员及有关人员,否 =0,是 =1;用 C2CAT64 表示是否商业服务人员,否 =0,是 =1;工人和农民为参照组。

7)在单位中所处位置。在 2010 年调查中,询问了“C5f 您在单位中所处的位置是”,选项分别为“1 负责人/高层管理人员、2 中层管理人员、3 基层管理人员、4 普通职工/职员、5 其他”。在将分类变量转化为虚拟变量过程中,用 C5F1 表示是否负责人/高层管理人员,否 =0,是 =1;用 C5F2 表示是否中层管理人员,否 =0,是 =1;用 C5F3 表示是否基层管理人员,否 =0,是 =1;普通职工/职员和其他为参照组。1990 年调查没有涉及在单位所处位置问题。

8)区域分布。无论是在 1990 年还是在 2010 年的调查中,都对被访者按照省份编码登记了省份情况,本研究将北京、天津、上海合并后用 QUYU1 表示是否直辖市,否 =0,是 =1;将河北、辽宁、江苏、浙江、福建、山东、广东、海南合并后,用 QUYU2 表示是否东部地区,否 =0,是 =1;将山西、吉林、黑龙江、安徽、江西、河南、湖北、湖南 8 个省合并后,用 QUYU3 表示是否中部地区,否 =0,是 =1;将西部地区内蒙古、广西、重庆、四川、贵州、云南、西藏、陕西、甘肃、青海、宁夏、新疆 12 个省(区、市)合并后作为参照组。

9)政治面貌。在 2010 年调查中,“E8a 您的政治面貌是”有 4 个选项,分别是“1 群众,2 共青团员,3 共产党员,4 民主党派”,鉴于以往研究发现党员对提高收入具有重要影响,本研究用 E8A1 表示是否党员,否 =0,是 =1。1990 年调查没有涉及政治面貌问题。

10)户口性质。在 1990 年和 2010 年调查中,都询问了被访者的户口性质。本研究在将户口性质区分为城镇非农业户口和农业户口后,NHUK-OU1 表示是否城镇户口,否 =0,是 =1。

4.3.3 多元 Logistic 回归模型

1990 年 40 ~59 岁中年人到 2010 年全部步入老年后,在 $P<0.01$ 水平下,收入与自变量、控制变量显著相关,相关系数为 -0.183 ~0.680。具体而言,被访者个体特征中年龄与收入的相关程度最高,相关系数达到 0.680;[①]性别与收入显著负相关,受教育程度与收入的相关系数明显低于

① 年龄与收入正相关的原因,主要与 2010 年老年组收入在总体收入水平提高、部分老年人离退休的情况下,老年人收入水平较 20 年前水涨船高有关。

性别与收入的相关系数绝对值；在经济特征中，离退休状况与收入的相关程度最高，达到0.655，职业类型与收入的相关程度较低但仍然显著。在社会特征中，户口性质与收入的相关程度较高，地域差距与收入的相关程度相对较低(图4-6)。

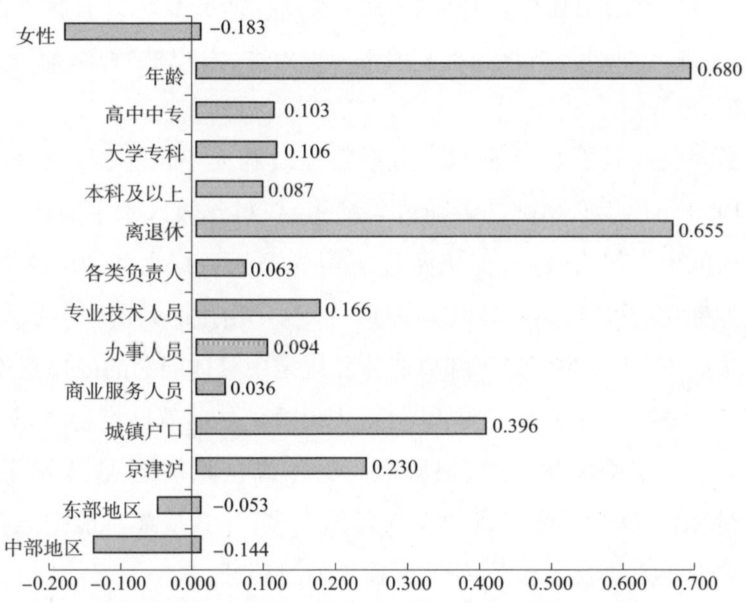

图4-6 1931~1950年出生队列在1990~2010年收入与自变量、控制变量相关系数

(1)1931~1950年出生队列的收入回归结果

为更好地辨识控制变量对主要自变量与因变量之间的调节作用，本研究首先仅在模型中纳入主要自变量。结果表明，性别对收入有显著负向影响，影响系数为-0.268，即与男性相比，女性收入显著偏低。随着控制变量的逐步纳入，性别对收入的影响系数经历了先减小再增大的过程。

根据1931~1950年出生队列收入影响因素多元线性回归结果显示，从模型1到模型6，随着自变量性别、控制变量的不断加入，调整R^2不断由0.072提高到0.546，最终模型对因变量的解释程度达到54.6%以上，表明模型及变量选用合理。

性别对1931～1950年出生队列的收入影响显著。从模型1到模型6，在控制了其他变量的情况下，与男性相比，女性收入水平始终低于男性。虽然在不断加入其他控制变量时，女性的系数由－0.268降低至－0.166，但是系数的性质始终没有改变，系数大小的变化始终没有发生方向性、质的变化。该发现与描述性统计分析结果及以往研究发现具有较强的一致性，呈现了收入性别差距存在的广泛性、持久性、累积性特点，研究假设1通过验证。

年龄对收入具有显著影响。由系数性质和大小可见，与40岁相比，1931～1950年出生队列被访者随着年龄提高，虽然收入水平总体下降，老年人收入低于中年人收入，但仍然经历了先降低后提高的"U形"变化过程。这种变化的可能解释是随着1931～1950年出生队列由中年步入老年，特别是按照国务院《关于老干部离职休养规定中具体问题的处理意见》（国发〔1982〕62号）文件精神，在中华人民共和国成立前就已经参加革命工作的老同志可以享受离休待遇，该待遇与退休或在职相比，收入水平更高。与此同时，由于享受离休待遇的人数总体不多，导致最终不能把老年人收入提高到中年人的收入水平，研究假设1通过验证。

控制变量对收入的影响。受教育程度对收入具有显著影响。从模型3到模型6可见，与受教育程度仅为初中及以下被访者相比，受教育程度高的被访者收入水平较高。但从系数性质和取值判断，高中/中专受教育程度者的收入水平最高，本科及以上次之，大学专科的收入最少。这是否表明大学专科受教育程度者的收入水平最低，有待进一步论证，其代表性和普遍性也需仔细斟酌，但数据的分析结果的确显示了这一特点。离退休状态对收入影响最显著。与工作状态处于就业或其他状况相比，离退休者的收入水平更高。从各个自变量和控制变量的系数大小看，是否离退休状态的系数在模型4至模型6中系数始终最大，对收入的影响更强。职业类型对收入有显著影响。与职业层次较低的工人、农民相比，各类负责人、专业技术人员、办事人员阶层、白领阶层的收入都显著偏高，特别是从各类职业类型的系数看，专业技术人员的系数最高，获得较高收入的可能性最大。此外，从变量系数看，商业服务业人员的收入水平也高于工人、农民。区域差异对收入具有显著影响。与西部地区的出生队列相比，京津沪的被访者收入水平最高，东部地区收入次之，中部地区的系数为负，表明中部地区出生队列的收入最低。户口性质对收入具有显著影响。与农业户口被访者相比，城镇非农业户口被访者的收入水平更高。

(2)收入年龄差距的回归结果

在 $P<0.01$ 水平下，2010 年 40 ~ 79 岁中老年人的收入与自变量、控制变量显著相关，相关系数为 -0.242 ~ 0.295。与 1931 ~ 1950 年出生队列的收入与相关变量的相关系数比较可见，虽然 2010 年中老年人收入的相关系数较为均衡，系数之间的极差相对较小，但是性别与收入的负相关系数较大，这表明 2010 年中老年人收入的性别差距更大。具体而言，被访者个体特征中性别与收入的相关程度最高，相关系数达到 -0.242，受教育程度与收入的相关系数明显低于性别；年龄与收入的相关程度虽然较低但仍然显著；在经济特征中，被访者是否来自国有(国有控股)与收入的相关程度最高，达到 0.291，职业类型与收入的相关程度较低但仍然显著。在社会特征中，地域差距与收入的相关程度相对较低(图 4 -7)。

根据 2010 年 40 ~ 79 岁中老年收入影响因素多元回归结果，从模型 1 到模型 7，随着自变量的增加，调整 R^2 由 0.058 2 不断提高到 0.374 8，最终模型对因变量的解释程度达到 37.48%。与 1931 ~ 1950 年出生队列的回归结果相比，虽然 2010 年收入回归模型样本量及纳入的变量更多，但解释程度较之略低，表明随着经济社会发展，收入的影响因素更多、更复杂。

性别对收入具有显著影响。从模型 1 至模型 7，与男性相比，女性被访者的收入水平普遍低于男性。虽然在不断加入其他自变量时，女性收入低于男性的系数略有波动，但女性收入始终低于男性的趋势没有变化。与

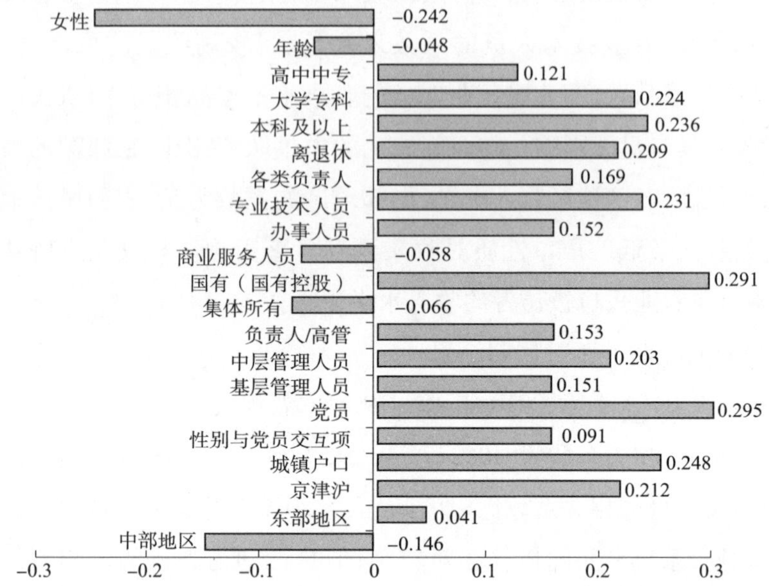

图 4-7　2010 年 40～79 岁被访者的收入与自变量、控制变量相关系数

1931～1950 年出生队列的回归结果相比，2005 年性别对收入的影响进一步强化，男性比女性更容易获得高水平收入，女性则更易处于低收入水平。减少收入差距，既需要缩小城乡、区域的收入差距，更需要消除男女之间的性别差距。女性平均收入水平偏低，既不利于落实男女平等基本国策、促进妇女平等发展，又不利于发扬尊老敬老的优良社会传统，还不利于推进社会性别视角下的和谐社会建设，研究假设 2 再次通过验证。

年龄对收入的影响有所加大。在模型 2 到模型 7 中，随着控制变量数量增加，年龄系数的负相关程度不断加大。与 1931～1950 年出生队列的回归结果相比，一方面，二者总体具有一致性；另一方面，在同一个时点上，在排除伴随经济社会发展带来的收入水平普遍提高的影响后，年龄对收入的负向影响程度不断加大，老年人更容易处于收入的不利水平，研究假设 1 再次通过验证。将性别和年龄对收入的负向影响结合起来看，老年女性的收入在性别和年龄方面的双重弱势趋势更为明显。2010 年调查时正处于党的十七大召开后不久,党的十七大报告强调,在经济发展的基础上,更加注重社会建设,着力保障和改善民生,努力使全体人民老有所养,推动和谐社会建设。老年人是社会成员的重要组成部分,偏低的老年人收入和较大的收入年龄差距,既不利于改善民生,又不利于推动和谐社会建设。

控制变量对收入的影响。受教育程度、离退休状态、职业类型、区域差异和户口性质对收入的显著影响与 1931 ~ 1950 年出生队列具有较强的一致性,本研究不再赘述。接下来将重点对单位所有制、在单位中的位置等因素对 2010 年 40 ~ 79 岁中老年收入的影响情况进行分析。单位所有制对收入具有显著影响。与在私营/个体和外商投资企业相比,单位类型或离退休前单位类型为国有(国有控股)单位,可显著提高被访者收入水平;虽然从模型 5 到模型 7,随着控制变量数量的增加,国有(国有控股)单位的系数有所减小,但仍然显著为正。而来自城镇集体或农村集体单位的被访者,其收入水平显著低于来自私营/个体和外商投资企业的被访者。该发现表明,来自国有(国有控股)单位被访者收入水平最高,来自私营/个体和外商投资企业的被访者次之,来自城镇集体或农村集体单位的被访者收入水平最低。在单位中的位置显著影响被访者的收入水平。从负责人及高管、中层管理人员和基层管理人员的系数性质与大小来看,与普通职工/职员相比,管理人员的收入水平更高。不仅如此,管理人员的级别也对收入有显著影响,管理人员的级别越高,收入水平也越高。

4.3.4　对回归结果的政策讨论

收入年龄差距对老有所养带来的冲击。老年人在中青年阶段曾经在社会经济发展中发挥了巨大作用,是社会的巨大财富。离退休金是老年人在职时的劳动剩余,是对离退休前所创造价值的延迟领取。《中国老龄事业的发展》白皮书指出,建立与经济社会发展和人口老龄化水平相适应的养老保障制度,是中国发展老龄事业的重要任务和优先领域。

老年人收入偏低，老年人收入与中年人收入差距过大，会使老年人社会保障利益和老有所养受到影响，同时，也会对我国老龄事业的发展产生影响。在物价不断上涨、在职职工工资不断上调的背景下，偏低的老年人收入和较高的医疗费用，必定对老年人的基本生活水平产生莫大影响。此外，偏低的老年人收入，虽然会减小社会养老保障的财政压力，但是，为了保证老年父母的基本生活水平，一方面，成年子女需要承担对老年父母经济供养的义务；另一方面，在职职工难免会设想自身退休后仅能获得的微薄收入，该设想会对在职职工的工作积极性产生影响。

1931～1950 年出生队列及 2010 年 40～79 岁中老年收入的回归结果，既反映了收入的影响因素，又在一定程度上揭示了相关因素的政策含义。因此，对回归结果进行讨论，对于深入认识 20 年来城镇老年人收入的变化趋势及其影响因素，并提出有针对性政策建议，具有重要研究价值。

树立社会性别意识，消除性别歧视。不论是 1931～1950 年出生队列的回归结果，还是 2010 年 40～79 岁中老年收入回归结果，与男性相比，女性的收入水平更低，这一结果与以往研究一致（赵人伟、基斯·格里芬，1994）。此外，20 年来，性别对收入的影响程度有所加强，其政策含义是当今的就业与收入性别歧视较以前更加严峻，这在女大学生就业、劳动报酬和职务晋升方面已体现得淋漓尽致。男女平等是我国的基本国策，保障女性平等就业权是促进妇女平等发展和男女共同发展的重要途径。在相关法律法规制定和执行过程中，牢固树立社会性别意识，真正消除性别歧视，切实关注女性收入，尤其是关注老年女性的收入，对于提高女性经济地位，降低老年女性对家庭成员的依赖性，促进和谐社会建设，具有重要意义。

适度提高老年人收入，共建共享美好生活。由两次调查数据的回归结果可见，年龄对于收入具有重要影响。无论是在 1931～1950 年出生队列收入回归结果，还是在 2010 年中老年收入回归结果中，与 40 岁中年人相比，年龄越大收入水平越低。自2005年开始,我国每年都要调整一次企业退休人员养老金,至今已连续十二次提高企业退休人员养老金。该举措在一定程度上缩小了企业退休人员和在职人员收入差距,缩小了老年人和中年人收入差距。近年来,伴随着社会保障体系不断完善,我国城镇居民养老保险制度正在对年轻时没有工作的老年人发挥社会养老保障作用。此外,截至2016年3月24日,北京市第23次连续调整企业退休人员的基本养老金,惠及北京市228万企业退休人员。不仅如此,从2008年1月1日起,北京市实施《北京市城乡无社会保障老年居民养老保障办法》(京政发〔2008〕49号),规定凡具有北京市户籍、年满60周岁以上的城乡无社会保障老年人,每月都可领到200元福利养老金。在全面建成小康社会过程中,普惠式养老保障政策对于消除老年人中的零收入比例,特别是对于消除老年女性零收入比例效果显著。

继续发展高等教育,加强就业和职业培训。与以往研究结果相同,受教育水平的提高与收入的增加正相关。受教育水平越高,获得高收入的可能性越大,而且,随着时间推移和经济社会发展,高等教育对高收入的影响越来越大。继续发展高等教育,增加再就业和职业培训,加强终生教育,既可以提高就业率,增加收入水平,又可以提高劳动生产率,促进社会经济发展。

缩小职业类型、单位性质的收入差距。虽然与1931~1950年出生队列的回归结果相比,职业类型对收入的影响程度有所下降,但不同职业中层次较高的各类负责人、专业技术人员和办事人员及有关人员,特别是专业技术人员与工人农民的收入水平相比,收入水平更高。研究表明,与男性相比,女性更容易在城乡集体单位等非正规单位就业,收入水平偏低。在收入改革和规范劳动收入过程中,应限制国有(国有控股)单位的职工收入,有效提高城镇集体和农村集体所有制单位的收入,促进收入差距的缩小。

促进中西部经济社会发展,缩小地区间收入差距。由对1990年数据和2010年数据两次回归结果可见,东部地区的被访者比来自中部和西部地区

的被访者更容易获得高收入。换言之,中西部地区处于较低收入水平的可能性随着时间的推移而不断增加,与东部地区的差距越来越大。通过政策及人财物的支持,大力发展中西部地区经济,缩小地区间的经济差距和收入差距,对于提高中西部地区中老年收入水平至关重要。

4.4 本章小结

第一,1990~2010 年,不论是中年人还是老年人,不论是男性还是女性,被访者平均收入水平均有较大提高,男性平均收入的提高幅度大于女性,收入性别差距有所扩大。

第二,与男性相比,各个年龄段的女性平均收入和收入五等分的分布情况,均呈现劣势状况。不论与 1990 年的中年女性相比,还是与 2010 年老年男性相比,老年女性收入双重弱势地位非常明显。

第三,2010 年老年人收入呈现中、低收入组比例增加、高收入组的比例下降趋势,这反映了老年人收入结构恶化的队列效应。此外,2010 年被访者中零收入比例骤增,体现了伴随年龄增加、劳动能力降低及家务劳动对老年人收入的影响。

第四,无论是分组比较分析,还是泰尔指数计算结果,均反映出收入差距扩大的队列特征、年龄特征和性别特征。1931~1950 年出生队列在 2010 年老年人组收入泰尔指数,比其在 1990 年中年时的收入泰尔指数有所提高,收入年龄差距不断拉大。从分性别泰尔指数来看,女性中老年人收入的泰尔指数大于男性中老年人收入泰尔指数,女性中老年人收入的年龄差距大于男性中老年人,该差距再一次展示了老年女性收入偏低、处于双重弱势地位的状况。

第五,对收入影响因素的回归分析结果。本研究提出的两个研究假设均已得到验证,一是性别对城镇居民收入的影响显著,与男性相比,无论是出生队列回归结果，还是2010年中老年收入回归结果，女性都容易处于低收入水平；二是年龄越大收入水平越低，与40岁被访者相比，老年人更容易陷入低收入状态。而受过高等教育、国有（国有控股）单位、白领职业以及来自京津沪和东部地区的被访者收入水平更高。

第 5 章

分区域中老年人收入研究

由第 4 章居民收入代际差距的回归结果可见，地区差异对居民收入具有显著影响。以往研究表明，由于东、中、西部地区的经济发展水平和人力资源状况存在较大差距，居民收入的地区差距较为明显。另有研究认为，居民收入的地区差距不仅表现在东部和中西部之间，还表现在省、自治区之间。与此同时，不但地区间城镇居民收入绝对差距持续扩大，而且人均可支配收入的绝对差距也在持续增大。此外，影响收入地区差距变动的两种因素正在形成，这两种因素包括抑制差距继续扩大的因素及导致地区差距扩大的因素。在这种背景下，京津沪及其他不同地区间中老年人收入是否也存在地区差距？如果老年人收入存在差距，这种差距与其他社会群体的差距有何不同？老年人收入的性别年龄差距又有什么特点？

虽然以往有关老年人收入的研究颇多，但由于受研究视角或数据资料的限制，上述问题以往学者鲜有涉及，无法为我们提供相关答案。因此，对不同地区间中老年人收入及其代际差距进行系统研究，对于认识我国不同地区城镇中老年人收入的代际差距具有重要意义。

5.1 不同区域的划分方法

本研究所使用的中国妇女社会地位调查1990年城镇调查数据涉及了北京、河北、江苏、广东、吉林、安徽、江西、湖北、贵州、甘肃、青海11个省市。其中,直辖市只包括北京,东部地区包括河北、江苏、广东,中部地区包括吉林、安徽、江西、湖北,西部地区包括贵州、甘肃和青海。

2010年第三期中国妇女社会地位调查共调查了31个省(区、市),根据地区经济差距及多阶段PPS抽样设计,此次调查的区域划分方法如下:直辖市包括北京、天津和上海3个直辖市;东部地区包括河北、辽宁、江苏、浙江、福建、山东、广东和海南8个省;中部地区包括山西、吉林、黑龙江、安徽、江西、河南、湖北、湖南8个省;西部地区包括四川、贵州、云南、重庆①、西藏、陕西、甘肃、青海、宁夏、新疆、内蒙古、广西12个省(区、市)。

从表5-1分区域样本分布看,无论是1990年40~59岁中年组的区域分布,还是2010年的40~59岁中年组的区域分布,在不考虑京津沪直辖市的情况下,都表现出东部比例最高、中部次之、西部最少的趋势,该趋势与中国人口分布一致,即两期中国妇女社会地位调查的中年组样本量均呈现东多西少的梯度变化趋势。从1931~1950年出生队列的样本分布趋势看,除了京津沪所占比例由1990年的8.69%增加到2010年的16.36%,以及东部地区样本所占比例减少了近10个百分点外,该出生队列在中部和西部地区所占比例的增加幅度变化不大。

---

① 虽然自1997年3月14日第八届全国人民代表大会第五次会议通过设立重庆直辖市到2010年已有13年时间,但是由于其经济发展水平和城市化水平与京津沪相差甚远,因此,仍然根据地理位置将重庆划分为西部地区。

表 5-1　分区域样本分布情况

区域	1990 年 40～59 岁（1931～1950 年出生队列）		2010 年 60～79 岁（1931～1950 年出生队列）		2010 年 40～59 岁（1951～1970 年出生队列）	
	人数	比例	人数	比例	人数	比例
京津沪	352	8.69	919	16.36	990	14.08
东部地区	1 466	36.17	1 539	27.39	2 296	32.66
中部地区	1 212	29.90	1 481	26.36	2 233	31.76
西部地区	1 023	25.24	1 679	29.89	1 511	21.50
合计	4 053	100.00	5 618	100.00	7 030	100.00

5.2　分区域老年人收入的年龄差距

总体而言，由于京津沪、东部、中部、西部地区经济发展程度差距较大，人们的平均收入水平参差不齐。那么，不同地区老年人收入状况如何？各地区间老年人收入是否存在明显差距？2010 年老年组与其 20 年前的中年组相比，收入增长趋势如何？目前不同地区的老年组与中年组相比，有没有收入代际差距？本节将对此进行探讨。

5.2.1　分区域老年人平均收入

老年人收入地区差距明显。由表 5-2 显示的 2010 年分地区人均收入状况可知，京津沪地区 1931～1950 年出生队列的人均收入为 25 602.39 元，收入水平在四个区域中遥遥领先。东部地区 1931～1950 年出生队列的人均收入 17 414.12 元，虽然仅为京津沪地区老年人收入的 68.02%，但是分别比中部和西部地区老年人人均收入高 35.07% 和 20.39%，不同地区老年人收入由高到低分别是京津沪、东部地区、西部地区和中部地区。对中部地区 2010 年各省老年人收入进一步分析发现，黑龙江、吉林 60～79 岁老年人人均收入分别仅为 10 795.92 和 12 342.79 元，在 31 个省（区、市）人均收入中位列倒数第一和倒数第四位。此外,江西老年人人均收入(10 797.64元)排倒数第二位,即在全国老年人收入最低的5个省(区、市)中,中部地区占3个,中部地区收入水平偏低状况可见一斑。

表5-2　1931~1950年出生队列分区域人均收入状况

区域	2010年			1990年		
	均值/元	N	标准差/元	均值	N	标准差/元
京津沪	25 602.39	916	16 538.504	2 344.24	345	1 056.612
东部地区	17 414.12	1 502	16 361.462	2 554.56	1 421	2 325.352
中部地区	12 892.24	1 439	11 195.113	1 837.05	1 111	1 380.874
西部地区	14 464.40	1 627	13 082.082	2 418.03	886	2 953.161

相同队列收入大幅增加。与1990年仍然处于中年组的1931~1950年出生队列人均收入相比,该队列在2010年调查的各区域老年人收入中都有了大幅增加,收入最多的京津沪地区由1990年的2 000多元增加到2010年的20 000多元;即使收入最少的中部地区,也由1990年的1 000多元增加到2010年的10 000多元,各区域的老年人收入增长幅度为4.98~9.92倍。1990年、2009年国民经济和社会发展统计公报①显示,1990年城镇职工平均货币工资2 150元,2009年城镇居民人均可支配收入为17 175元,虽然在1990~2009年国家统计局统计口径不一,但仍然能够反映2010年京津沪和东部地区老年人收入水平高于城镇职工平均货币工资或城镇居民人均可支配收入,这两个地区城镇老年人收入增长较快,而中部和西部城镇老年人收入则呈现增长速度偏慢的趋势。与此同时,老年人收入地区差距明显扩大。2010年城镇老年人收入最高的京津沪人均收入是中部地区的

① 鉴于1990年第一期中国妇女社会地位调查问"您上个月的个人总收入为多少元?"2010年第三期中国妇女社会地位调查问"去年您在以下方面的个人收入大约多少钱?"为了将收入年份与统计公报有效对应,本研究特意选用1990年和2009年的国民经济和社会发展统计公报进行比较。

1.99 倍,而在 1990 年该倍数仅为 1.28 倍,20 年来城镇老年人收入的地区差距扩大了 0.71 倍。

5.2.2 分区域老年人收入五等分

从分区域的 2010 年老年人收入五等分看,京津沪老年人在高收入组、最高收入组所占比例最高(70.96%),即按照全国中老年收入由高到低排序划分收入五等分后,京津沪老年人中属于高收入组和中高收入组的比例超过 7 成;东部地区老年人处于高收入组、中高收入组的比例为 36.22%,即在除京津沪以外的东部地区老年人中,1/3 以上属于高收入组或最高收入组,所占比例比京津沪低 34.74%,其中高收入组和最高收入组所占比例分别比京津沪低 11.15% 和 23.60%。中部地区老年人属于高收入组、最高收入组的比例最低,仅占 23.28%,分别比东部和西部地区低 12.94% 和 7.08%。中部地区老年人收入五等分中,属于高收入组和中高收入组的比例最低,其原因可能与江西以及东北老工业基地中的黑龙江、吉林收入偏低有关。

从分区域低收入和中低收入组分布情况看,2010 年京津沪老年人属于低收入组和中低收入组的比例仅为 9.93%,东部地区老年人中属于低收入组和中低收入组的比例达到 40.28%,东部地区老年人中属于低收入组和中低收入组的比例是京津沪老年人相应比例的 4.05 倍。从各区域老年人中属于低收入组和中低收入组的比例看,中部地区老年人所占比例最高,达到 52.74%,即半数以上中部地区老年人属于低收入组和中低收入组。西部地区属于低收入组和中低收入组的占 47.51%。由此可见,中部和西部地区老年人中属于低收入和中等收入的比例均在 50% 左右,分别是京津沪相应比例的 5.31 倍和 4.78 倍(图 5-1)。从各区域老年人中等收入组所占比例看,中部地区老年人所占比例最高,东部地区次之,京津沪和西部地区老年人所占比例最少。

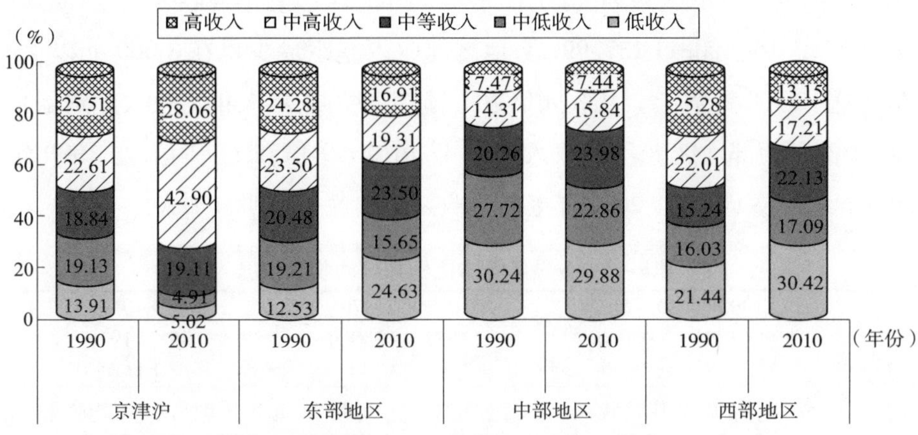

图5-1　1931~1950年出生队列在1990年和2010年的年均收入

注:数据统计时进行了四舍五入。

5.2.3　分区域老年人收入变化趋势

(1)相同队列的收入变化趋势

1990年中年组收入地区差距不大。表5-3显示,1990年1931~1950年出生队列在其40~59岁时年均收入的分区域情况如下:京津沪中年组平均收入为2 344.24元,虽然比中部地区中年组平均收入高507.19元,但是分别比东部和西部地区中年组收入低210.32元和73.79元。即京津沪中年组收入介于中部和东西部之间,虽然京津沪中年组收入是中部地区中年组收入的1.28倍,但是分别仅比东部和西部中年组收入低8.32和3.05个百分点。由此可见,1990年京津沪中年组平均收入不但不是最高的,而且收入地区差距总体不大。

2010年老年组收入地区差距明显加大。2010年分区域1931~1950年出生队列(60~79岁)的老年人年均收入情况如下:京津沪老年人年均收入为25 602.39元,东部地区老年人年均收入为17 414.12元,中部地区老年人年均收入为12 892.24元,西部地区老年人年均收入为14 464.40元。可

见京津沪老年人收入最高，分别比东部、中部、西部老年人收入高 8 188.27 元、12 710.15 元和 11 137.99 元，地区间收入差距最少也在 8 000 元以上，最高达 12 700 元以上。从收入倍数上看，京津沪老年人年均收入分别是东部、中部和西部地区老年人收入的 1.47 倍、1.99 倍和 1.77 倍，与 1990 年分地区收入差距相比，2010 年老年人收入的地区差距明显加大。

表 5-3　分地区样本比例与年均收入情况

区域	1990 年 40~59 岁（1931~1950 年出生队列）		2010 年 60~79 岁（1931~1950 年出生队列）		2010 年 40~59 岁（1951~1970 年出生队列）	
	比例/%	年均收入/元	比例/%	年均收入/元	比例/%	年均收入/元
京津沪	8.68	2 344.24	16.36	25 602.39	14.08	29 317.22
东部地区	36.17	2 554.56	27.39	17 414.12	32.66	23 185.51
中部地区	29.90	1 837.05	26.36	12 892.24	31.76	16 770.26
西部地区	25.24	2 418.03	29.89	14 464.40	21.49	19 483.69
收入平均	100.00	2 291.29	100.00	16 720.15	100.00	21 241.43

老年人收入地区差距大于中年组。从不同地区 1931~1950 年出生队列收入的 20 年变化趋势看，2010 年京津沪 1931~1950 年出生队列的收入比 1990 年增加了 9.92 倍，东部、中部、西部地区同一出生队列的收入分别比 1990 年增加了 6.82 倍、7.91 倍和 5.98 倍。由此导致京津沪老年组平均收入是东部、中部、西部老年组平均收入的倍数达到 1.47 倍、1.99 倍和 1.77 倍。与 1990 年 1931~1950 年出生队列处于中年阶段的收入地区差距相比，即与京津沪收入分别是东部、中部、西部地区同一出生队列收入的 97.77%、127.61% 和 96.95% 相比，2010 年老年组收入地区差距明显扩大。该收入地区差距扩大趋势表明，经过 20 年的发展，不但地区经济差距有所扩大，而且老年人收入差距的地区差距明显大于中年人收入的地区差距。此外，1990~2010 年，在 1931~1950 年出生队列由中年组到老年组的变化过程中，中部地区低收入状况依旧，该特征具有持久性、稳定性，消除收入

的地区差距任重道远。

收入结构的变化趋势在不同地区间差距明显。从收入五等分看,来自京津沪地区的1931～1950年出生队列在收入五等分的变化趋势方面,与其他三个地区明显不同。总体而言,2010年京津沪地区1931～1950年出生队列在高收入组和中高收入组所占比例较1990年分别提高了2.55和20.29个百分点,低收入组所占比例下降了8.89个百分点。2010年京津沪老年人在高收入组、中高收入组所占比例大幅提高,在低收入组所占比例大幅下降,表明京津沪老年人收入的五等分分布状况比其在20年前有了明显改善。而其他地区老年人收入与1990年相比普遍降低,具体而言,在2010年1931～1950年出生队列中,东部、中部和西部地区的高收入组比例普遍降低,降低幅度分别为7.37、0.03和12.13个百分点,与此同时,东部和西部地区低收入组老年人所占比例分别提高了12.10、8.98个百分点。唯一令人欣慰的是,在东部、中部、西部地区1931～1950年出生队列的收入五等分中,中等收入组所占比例均有提高,提高幅度分别为3.02、3.72和6.89个百分点。尽管如此,中等收入组的提高比例仍然无法抵消1931～1950年出生队列在高收入组的降低及低收入组的增加比例,这表明东部、中部和西部地区1931～1950年出生队列,从中年组到老年组的转变过程中,呈现收入差距扩大趋势。

(2)相同年份的不同地区收入代际差距

京津沪中老年人收入均最高。2010年无论是在老年组还是在中年组的收入地区差距中,都表现出京津沪收入最高、中部地区收入最低的特征。其中,京津沪老年组和中年组平均收入分别为25 602.39元和29 317.22元,高出中部地区老年组和中年组12 710.15元、12 546.96元,分别高出东部和西部地区老年组、中年组收入6 131.71～11 137.99元,即京津沪中老年人高收入状况遥遥领先。与此同时,京津沪地区中老年人收入与中部地区中老年人收入的地区差距最大,与东部地区中老年人收入的地区差距最小。

收入代际差距的地区差异较大。2010年，在全国城镇范围内，老年组收入比中年组低4 521.28元，占中年组收入的78.71%。从不同地区居民收入的代际差距看，京津沪老年组收入占中年组的87.33%，收入代际差距最小；中部地区老年人收入代际差距次之，其老年组收入占中年组收入的76.88%；西部地区老年人收入代际差距最大，老年人收入仅占中年组收入的74.24%，地区间收入代际差距为13.09个百分点。结合1931~1950年出生队列收入在1990~2010年的变化趋势看，在我国经济社会发展地区不平衡问题尚未解决前，1951~1970年出生队列2010~2030年、由中年步入老年后，中部地区1951~1970年出生队列的低收入状况难以出现较大改变。虽然2010年中部地区老年组收入与中年组收入的代际差距仅次于京津沪，但是该差距是在低水平状况下发生的，既无益于提高老年人生活水平，也无益于促进该区域老年人对美好生活的追求。

不同出生队列的收入五等分状况地区差异较大。本研究分别将2010年第三期中国妇女社会地位调查的老年组和中年组按照收入五等分分析后发现，京津沪老年组和中年组在高收入组、中高收入组中所占比例均为最高，即70.96%的京津沪老年人和64.10%的中年人平均收入属于高收入组和中高收入组，老年组属于高收入组和中高收入组的比例比中年组高6.86个百分点。东部地区老年组和中年组属于高收入组和中高收入组的比例为36.22%和43.90%，在四个区域中位居第二，中年组中属于高收入和中高收入组的比例比老年组高7.68个百分点。中部地区老年组收入属于高收入组和中高收入组的比例最低，仅为23.28%，半数以上（52.74%）的中部地区老年组和51.37%的中年组属于低收入和中低收入水平，该比例在四个区域中最高。西部地区的老年组和中年组属于高收入组和中高收入组的比例位居倒数第二，分别为30.36%和39.57%（图5-2）。

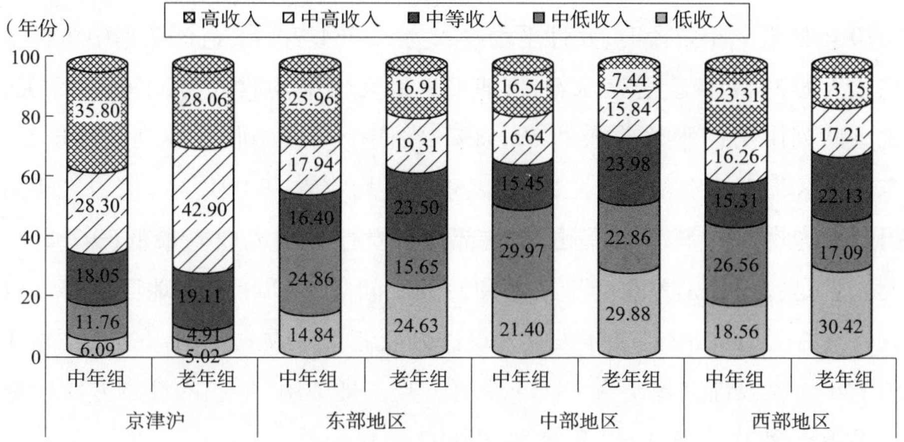

图5－2　2010年不同出生队列年均收入五等分

注:数据统计时进行了四舍五入。

5.3　分区域中老年人收入的性别差距

5.3.1　分年份的中老年人收入性别差距

1990年分地区间收入性别差距较小。表5－4显示,1931～1950年出生队列在1990年处于中年阶段时,女性平均收入为1 910.05元,占该队列中男性平均收入的70.95%。分地区看,东部地区女性平均收入为2 184.37元,占该队列中男性平均收入的73.93%,在四个地区中收入性别差距最小。中部地区1931～1950年出生队列收入性别差距仅次于东部地区,女性收入占男性收入的73.45%。西部地区女性平均收入比男性少1 065.73元,女性平均收入仅占男性平均收入的63.66%,在四个区域中收入性别差距最大。尽管如此,收入性别差距最小的东部地区和西部地区的性别差距相差10.27个百分点,地区间差距相对较小。

2010 年不同地区间收入性别差距明显。1931 ~ 1950 年出生队列在 2010 年处于老年阶段时,女性平均收入为 12 384. 70 元,占该队列中男性平均收入的 57. 71%。分区域看,京津沪地区女性平均收入为 21 049. 59 元,占该队列中男性平均收入的 69. 48%,在四个区域中收入性别差距最小。东部地区收入性别差距次之,女性老年人平均收入 13 001. 74 元,占老年组男性平均收入的 58. 98%。虽然中部地区女性老年人收入最低(9 282. 81 元),但是收入性别差距介于东部和西部之间。2010 年西部地区老年人收入性别差距最大,女性老年人收入仅占男性老年人收入的 51. 14%,比京津沪老年人收入性别差距大 18. 34 个百分点。即 2010 年收入性别差距的地区差距更为明显,比 1990 年扩大了 8. 07 个百分点。

表 5 –4　分区域、分性别、分队列平均收入

单位:元

区域	1990 年 40 ~59 岁（1931 ~1950 年出生队列）		2010 年 60 ~79 岁（1931 ~1950 年出生队列）		2010 年 40 ~59 岁（1951 ~1970 年出生队列）	
	男性	女性	男性	女性	男性	女性
京津沪	2 828. 59	1 980. 37	30 296. 51	21 049. 59	33 590. 45	25 440. 74
东部地区	2 954. 57	2 184. 37	22 043. 21	13 001. 74	29 176. 87	17 509. 49
中部地区	2 124. 40	1 560. 36	17 164. 40	9 282. 81	20 800. 25	13 239. 25
西部地区	2 932. 85	1 867. 12	19 421. 88	9 932. 68	23 574. 45	16 264. 57
收入平均	2 692. 28	1 910. 05	21 459. 36	12 384. 70	26 053. 45	16 992. 67

5. 3. 2　收入性别差距的变化趋势

20 年来各地区相同队列收入性别差距均呈现扩大趋势。从 1990 ~ 2010 年(1931 ~1950 年出生队列)收入性别差距看,总体扩大了 13. 23 个百分点。分地区看,1990 年中部地区中年女性收入占中年男性收入的 73. 45%,到 2010 年该出生队列全部步入老年后,老年女性收入仅占老年男性收入的 54.08%，收入性别差距扩大了 19.37 个百分点，在四个地区中收入性别差距扩大幅度最多。此外，东部和西部地区相同队列的收入性别差距也分别扩大了 14.95 和 12.52 个百分点。20 年来，京津沪老年组收入性别差距与其在 1990 年时中年组的性别差距相比，变化幅度很小，仅提高了 0.53 个百分点。由此可见，20 年来各区域同一出生队列的收入性别差距均有不同程度扩大，扩大幅度为 0.53～19.37 个百分点。

20 年来中年组收入性别差距在不同区域增减各异。将不同时期、同时处于 40～59 岁中年组的两个不同出生队列的收入性别差距进行分析可见，1990～2010 年 20 年来，虽然 1931～1950 年出生队列在 1990 年时女性收入（1 910.05 元）占男性收入的 70.95%，到 2010 年 1951～1970 年出生队列中女性收入（16 992.67 元）占男性收入的 65.22%，40～59 岁中年组收入性别差距总体扩大了 5.72 个百分点。但是分地区看，京津沪和西部地区中年组女性收入占男性收入的比例分别提高了 5.73 和 5.33 个百分点，即这两个区域的收入性别差距缩小了 5 个百分点以上。东部和中部地区女性收入占男性收入的比例分别降低了 13.92 和 9.80 个百分点，表明这两个区域的中年组收入性别差距分别扩大了 13.92 和 9.80 个百分点。

5.4　分地区中老年人收入差距的泰尔指数

本节首先对 1931～1950 年同一出生队列在 1990 年中年阶段和 2010 年老年阶段的收入泰尔指数进行分析，接下来使用 2010 年调查数据，对不同出生队列中老年人进行收入代际差距分析。

总体而言，1931～1950 年出生队列的收入泰尔指数为 1.1494，在该出生队列中，女性收入的泰尔指数略大于男性，表明中年女性和老年女性收入的代际差距略大于男性收入代际差距。此外，该出生队列无论男女，不但组内差距均大于组间差距，而且女性收入的组内和组间差距均略大于男

性。中年组收入的组内差距大于老年组的组内差距，表明1931～1950年出生队列在1990年处于中年阶段时，收入组内差距较大，而到了2010年当其全部步入老年阶段后，收入组内差距较20年前有所减小（表5－5）。

表5－5　20年来1931～1950年出生队列的泰尔指数

性别	组内差距 T_w			组间差距 T_b	泰尔指数 T	贡献率/%	
	中年组	老年组	组内合计			组内	组间
男性	0.9315	0.0092	0.9407	0.1859	1.1266	83.50	16.50
女性	0.9154	0.0363	0.9517	0.1902	1.1419	83.35	16.65
合计	0.9340	0.0267	0.9607	0.1887	1.1494	83.58	16.42

在分地区居民总体居民收入的泰尔指数、男性和女性收入的泰尔指数研究中，主要对同一调查年份、不同出生队列居民进行分析，即统一使用2010年40～79岁的中老年人收入数据进行研究。

5.4.1　分区域总体中老年人收入的泰尔指数

中老年人收入泰尔指数存在一定的地区差异（表5－6）。城镇不同地区中老年人的泰尔指数为0.2782，不同地区间泰尔指数差距虽然不大，但存在一定的地区差异。来自东部地区居民的泰尔指数（0.3118）、组内差距（0.3187）和组间差距（－0.0070）在四个地区中都最大，京津沪中老年人的泰尔指数和组内差距都最小，东部地区居民泰尔指数、组内差距和组间差距分别是京津沪中老年人数据的1.6倍以上。中部和西部地区居民收入泰尔指数与城镇总体居民泰尔指数及组内差距和组间差距比较接近。将表5－6的泰尔指数与表5－3分地区样本分布情况结合起来分析发现，由泰尔指数反映的分地区中老年人收入的代际差距与由收入均值反映的代际差距基本一致，即京津沪中老年人收入代际差距最小，东部地区中老年人收入代际差距最大，中部和西部地区中老年人收入代际差距居中。

表 5 – 6　分区域中老年人收入的泰尔指数

区域	组内差距 T_w			组间差距 T_b	泰尔指数 T	贡献率/%	
	中年组	老年组	组内合计			组内	组间
京津沪	0.066 6	0.123 3	0.189 9	–0.004 3	0.185 6	102.32	–2.32
东部地区	0.117 0	0.201 7	0.318 7	–0.007 0	0.311 8	102.24	–2.24
中部地区	0.107 0	0.177 8	0.284 7	–0.004 2	0.280 6	101.49	–1.49
西部地区	0.091 9	0.171 6	0.2634	–0.005 2	0.258 2	102.00	–2.00

中老年人收入组内差距大于组间差距。不论是各地区中老年人合计的泰尔指数，还是分地区的泰尔指数，都表现出组内差距远远大于组间差距、组间差距小于 0 的特征。结合泰尔指数中有关组间差距的计算过程可以发现，老年组收入规模占中老年人收入规模的比例，小于老年组人口占中老年人口比例，由此造成老年人收入所占比例低于老年人口所占比例，取对数后得到负值。这再一次验证了老年组平均收入低于中老年人平均收入的情况。从组内差距和组间差距对泰尔指数的贡献率看，总体而言，城镇全体中老年人收入的组内差距贡献率为 101.86%，组间差距的贡献率仅为 –1.86%，表明城镇全体中老年人收入的组间差距对缩小泰尔指数具有积极作用。分地区看，来自东部地区居民收入的组内差距最大，来自中部、西部地区中老年人收入的组内差距次之，来自京津沪中老年人收入的组内差距最小，即便如此，京津沪中老年人收入组内差距对泰尔指数的贡献率也在 100% 以上。

老年组收入组内差距普遍大于中年组。在中年组和老年组收入的组内差距构成方面，在城镇中老年人中，老年组的组内差距为 0.283 4，对泰尔指数组内差距的贡献率为 61.94%，中年组对组内差距的贡献率为 38.06%。分地区看，京津沪老年组收入的组内差距（0.123 3）最小，对泰尔指数组内差距的贡献率为 64.92%；中部地区老年组收入的组内差距（0.177 8）位居第三，对泰尔指数组内差距的贡献率最小（62.43%）；之所以出现老年组组内差距及其对组内差距合计的贡献率不一致的情况，主要

与组内差距的大小密切相关。此外,东部地区老年组组内差距最大,中部地区老年组组内差距的贡献率最大。

5.4.2 分区域男性中老年人收入的泰尔指数

男性收入代际差距在不同地区间差异明显。男性收入泰尔指数为0.2430。分地区看,来自东部地区的男性中老年收入泰尔指数最大(0.2765),来自中部、西部地区的男性收入泰尔指数次之,来自京津沪地区男性的泰尔指数最小(表5-7)。从不同地区收入代际差距的倍数看,来自东部地区的男性中老年收入代际差距是总体男性收入代际差距的1.14倍,是来自京津沪、中部和西部地区男性中老年收入代际差距的1.48倍、1.16倍和1.39倍。表5-7反映的泰尔指数东部地区最大、京津沪最小的特征与表5-4反映的分区域、分性别、分队列平均收入特征一致,验证了收入均值的研究发现。

表5-7 分区域男性居民收入的泰尔指数

区域	组内差距 T_w			组间差距 T_b	泰尔指数 T	贡献率/%	
	中年组	老年组	组内合计			组内	组间
京津沪	0.0694	0.1210	0.1904	-0.0035	0.1869	101.85	-1.85
东部地区	0.0939	0.1925	0.2865	-0.0099	0.2765	103.59	-3.59
中部地区	0.0810	0.1636	0.2446	-0.0070	0.2376	102.93	-2.93
西部地区	0.0680	0.1402	0.2083	-0.0088	0.1994	104.43	-4.43
合计	0.0878	0.1623	0.2501	-0.0071	0.2430	102.94	-2.94

各地区男性收入泰尔指数都表现出组内差距大于组间差距的特征。男性总体的组内差距(0.2501)是组间差距的35倍以上,特别是京津沪地区男性收入的组内差距是组间差距的54.4倍;而西部地区男性收入的组内差距与组间差距最小,即便如此,西部地区男性收入的组内差距仍然是组间差距的23倍以上。此外,无论是男性总体的组间差距,还是不同地区的

男性组间差距，都表现出组间差距为负值的特征。

老年组的组内差距大于中年组的组内差距。从分年龄组的组内差距看，老年组的组内差距为 0.121 0 ~0.192 5，中年组的组内差距为 0.069 4 ~0.093 9，老年组的组内差距是中年组组内差距的 1.74 ~2.06 倍，这表明男性老年组内部的收入差距大于男性中年组内部的收入差距，该特点在来自西部地区的男性居民中表现得最明显。

5.4.3　分区域女性中老年人收入的泰尔指数

与男女总体及男性分地区组间差距均为负值的特征相同，女性总体及分地区女性收入的组间差距也都为负数，表明女性老年组收入所占比例低于老年组人口所占比例，换言之，老年女性平均收入最少。与此同时，女性泰尔指数还有以下三个特征。

一是女性总体及大部分地区女性收入泰尔指数大于男性。表 5 –8 数据显示，与表 5 –7 反映的男性泰尔指数相比，女性总体泰尔指数(0.291 6)，东部、中部、西部地区居民泰尔指数，分别比男性相应的泰尔指数大 0.048 6、0.043 3、0.067 5 和 0.093 5。女大男小的泰尔指数表明，女性总体及东部、中部、西部地区的收入代际差距均大于男性。而京津沪地区女性收入泰尔指数(0.161 8)不但在各地区中最小，而且也小于男性收入泰尔指数，表明在京津沪地区，女性中年组和老年组收入的代际差距，在分性别和分地区比较中都是最小的。与此同时，也再次验证了表 5 –4 反映的分地区、分性别、分出生队列平均收入中京津沪老年组收入占中年组收入比例最高、代际差距最小的特征。

二是女性收入的组内差距大于男性收入的组内差距。比较表 5 –7 和表 5 –8 可见，除了京津沪男女收入组内差距以外，其他不同地区女性泰尔指数的组内差距都大于男性，与之对应的组内差距对泰尔指数的贡献率大于男性。其中，来自西部地区女性的组内差距(0.310 4)是来自西部地区男

性组内差距的 1.49 倍，在东部、中部、西部三个不同地区中性别差距最大；来自中部地区女性的组内差距（0.307 8）是中部地区男性居民收入组内差距的 1.26 倍，即使是来自东部地区女性的组内差距与来自东部地区男性组间差距最小，女性组内差距仍然比男性高出 13.05 个百分点。此外，东部、中部、西部女性中年组和老年组内部的组内差距也均大于男性相应的组内差距。

三是女性老年组收入的组内差距大于女性中年组收入的组内差距。表5－8显示，女性老年组的组内差距为 0.120 2～0.217 4，中年组的组内差距为 0.048 8～0.126 3，女性老年组收入的组内差距是女性中年组收入的组内差距的 1.54～2.46 倍，即无论是分地区老年组看，还是在女性老年组总体看，其收入差距远远大于女性中年组。

表 5－8　分地区中老年女性收入的泰尔指数

区域	组内差距 T_w			组间差距 T_b	泰尔指数 T	贡献率/%	
	中年组	老年组	组内合计			组内	组间
京津沪	0.048 8	0.120 2	0.169 0	－0.007 2	0.161 8	104.44	－4.44
东部地区	0.126 3	0.197 6	0.323 9	－0.004 1	0.319 8	101.29	－1.29
中部地区	0.121 0	0.186 8	0.307 8	－0.002 7	0.305 1	100.89	－0.89
西部地区	0.093 0	0.217 4	0.310 4	－0.017 5	0.292 9	105.98	－5.98
合计	0.112 2	0.185 0	0.297 2	－0.005 6	0.291 6	101.93	－1.93

5.5　本章小结

第一，从 1990 年、2010 年中国妇女社会地位调查的分年龄组、分地区样本分布情况看，基本呈现东多西少的梯度变化趋势，样本分布与我国人口分布趋势一致，与分地区分析对数据的要求一致。

第二，20 年来，1931～1950 年出生队列收入大幅提高，地区差距扩大。

与 1990 年处于中年组的 1931 ~1950 年出生队列人均收入相比,2010 年该出生队列已步入老年,各地区老年人收入都有大幅增加,增加幅度在1 万元以上。从地区差距看,2010 年城镇老年人收入最高的京津沪人均收入是收入最低的中部地区的 1. 99 倍,不同地区的收入差距比 1990 年扩大了 0. 71 倍。在收入五等分中七成以上京津沪老年组属于高收入组和中高收入组,半数以上中部地区老年人属于低收入组和中低收入组。

第三,老年组收入的地区差距大于中年组。1990 ~ 2010 年, 在 1931 ~1950 年出生队列由中年组到老年组的变化过程中,2010 年京津沪老年组收入是东部、中部、西部地区老年组收入的倍数,比该出生队列在 1990 年中年组时的差距明显扩大。特别是经过 20 年的发展后,中部地区低收入状况依旧,表明该特征具有持久性、稳定性,消除收入地区差距任重道远。

第四,中老年人收入代际差距的地区差距较大。2010 年,京津沪中老年组收入代际差距最小,中部地区老年人收入代际差距次之,西部地区老年人收入代际差距最大。从收入五等分看,六成以上京津沪地区中老年组均处于高收入组、中高收入组,而中部地区半数以上中老年组均处于低收入组和较低收入组。

第五,中老年人收入性别差距的地区差距扩大。2010 年在 1931 ~1950 年出生队列处于老年组时,京津沪地区老年组收入性别差距最小,东部地区次之,西部地区收入性别差距最大,2010 年老年组收入性别差距的地区差距比 1990 年中年组收入性别差距扩大了 8. 07 个百分点。分出生队列看,各区域老年组收入性别差距均有不同程度的扩大,中年组收入性别差距在不同区域增减各异,其中,京津沪和西部地区中年组收入性别差距缩小,东部和中部地区性别差距扩大。

第六,在 1931 ~1950 年出生队列中,女性收入的泰尔指数略大于男性。从 2010 年不同出生队列的泰尔指数看,不同区域的泰尔指数差异明显,中老年人收入组内差距大于组间差距,老年组的组内差距普遍大于中年组。分性别来看,女性中老年人收入泰尔指数和组内差距均大于男性,老年人收入的组内差距大于中年人。

第 6 章

分行业中老年人收入研究

自 20 世纪 70 年代末以来,我国各行业职工的工资水平有较大幅度提高的同时,行业间的工资增长速度和幅度相差很多,行业间收入差距总体上呈扩大趋势,特别是 90 年代以来,最高收入行业与最低收入行业职工平均收入差距呈现明显的扩大趋势,从收入相对数来看,1978 年最高收入行业的平均工资是最低收入行业的 2. 17 倍,到 2004 年该差距扩大到 3. 86 倍。那么,随着时间的推移,截至 2010 年,行业间收入差距以及代际差距和代内差距究竟发生了怎样的变化? 高收入行业、低收入行业及中等收入行业的老年组收入性别差距及其代际差距如何?

虽然以往有关行业收入差距的研究较多,但由于受研究兴趣或重点关注内容的不同,以往极少有学者从行业间老年人收入差距、老年人收入代际差距以及性别差距视角进行研究,这些颇具现实意义的问题尚未得到充分研究,也无法为我们呈现上述差距的现状与特点。因此,本章将专门对上述问题进行探讨。

在数据使用方面,由于行业指标在经济社会发展过程中经历了从 1990

年的12个行业[①]到1992年的16个行业，[②]再到2003年的20个行业的变化过程，从统计年鉴的相关数据看，1990年的行业分类与2010年差别较大，难以前后对应。与此同时，1990年第一期中国妇女社会地位调查中没有涉及行业内容的调查，因此本章重点使用2010年第三期中国妇女社会地位调查数据，对分行业中老年人收入进行研究。

6.1 行业分类方法与收入变化趋势

2010年第三期中国妇女社会地位调查中行业编码与第六次全国人口普查的行业编码一致，分别包括以下20个行业：农、林、牧、渔业，采矿业，制造业，电力、燃气及水的生产和供应业，建筑业，交通运输、仓储和邮政业，信息传输、计算机服务和软件业，批发和零售业，住宿和餐饮业，金融业，房地产业，租赁和商务服务业，科学研究、技术服务和地质勘查业，水利、环境和公共设施管理业，居民服务和其他服务业，教育，卫生、社会保障和社会福利业，文化体育和娱乐业，公共管理和社会组织，国际组织。[③]

6.1.1 行业分类方法

鉴于上述20个行业数量较多，在分析过程中难以有效反映单个行业

---

① 1990年的12个行业分别包括农、林、牧、渔、水利业，工业，地质普查和勘探业，建筑业，交通运输、邮电通信业，商业、公共餐饮业、物资供销和仓储业，房地产管理、公用事业、居民服务和咨询服务业，卫生、体育和社会福利事业，教育、文化艺术和广播电视事业，科学研究和综合技术服务事业，金融、保险业，国家机关、政党机关和社会团体。

② 1992年的16个行业分别为农林牧渔水利业，采掘业，制造业，电力、煤气及水的生产和供应业，建筑业，地质勘查业，水利管理业，交通运输仓储和邮电通信业，批发零售贸易和餐饮业，金融、保险业，房地产业，社会服务业，卫生体育和社会福利事业，教育、文化、艺术和广播电视业，科学研究和综合技术服务事业，国家机关、政党机关和社会团体，其他。

③ 由于调查对象中没有涉及在联合国和其他国际组织驻我国境内机构活动的国际组织这个行业的被访者，同时该行业也没有列入《中国劳动统计年鉴》，因此，本研究仅对前19个行业的居民收入情况进行研究。

的收入特征。同时,基于对中老年人收入的研究,按照分行业平均工资对20个行业进行分组分析。分组方法如下:第一,将20个行业的平均工资按照由低到高的顺序进行排列;第二,按照行业数量大致相等的原则分为低收入行业、中等收入行业和高收入行业3组;第三,2010年低收入行业的年均工资为17 345～30 700元,中等收入行业的年均工资为33 520～41 536元,高收入行业的年均工资为42 245～80 772元;第四,低收入行业包括农、林、牧、渔业等6个行业,中等收入行业包括批发和零售业等7个行业,高收入行业包括文化体育和娱乐业等6个行业,具体行业名称、平均工资和从业人员数见表6－1。

表6－1　行业分类方法

行业	平均工资/元	从业人员/人
低收入行业		
1 农、林、牧、渔业	17 345	3 278 413
2 住宿和餐饮业	23 812	1 910 029
3 水利、环境和公共设施	27 229	1 933 713
4 建筑业	28 127	11 330 429
5 居民服务和其他服务业	28 665	562 555
6 制造业	30 700	35 186 372
中等收入行业		
7 批发和零售业	33 520	5 060 584
8 房地产业	36 392	1 948 087
9 租赁和商务服务业	38 502	2 809 369
10 公共管理和社会组织	39 329	13 647 571
11 教育	39 624	15 269 443
12 卫生、社保、福利业	41 132	5 954 907
13 交通运输业	41 536	5 821 048

续表

	平均工资/元	从业人员/人
高收入行业		
14 文化体育和娱乐业	42 245	1 238 318
15 采矿业	44 496	5 458 906
16 电力、燃气及水的生产和供应业	48 323	2 989 181
17 科研、技术服务和勘探业	57 316	2 729 935
18 信息传输、计算机服务业	66 598	1 678 219
19 金融业	80 772	3 699 360

资料来源:《中国劳动统计年鉴 2011》中的“各地区分行业在岗职工人数和工资(2010 年)”数据。此外,由于部分行业名称较长,在表格中只能使用简称。

其中,低收入行业的就业人员规模为 5 420. 15 万人,根据加权平均数计算的平均工资为 28 966. 66 元;中等收入行业和高收入行业的就业人员规模分别为 5 051. 10 万人和 1 779. 39 万人,根据加权平均数计算的平均工资分别为 39 143. 82 元和 56 575. 40 元。从就业人员构成看,低收入行业就业人员占 44. 24% ,中等收入行业和高收入行业的就业人员分别占 41. 23% 和 14. 52% 。从分行业类型的平均工资看,低收入行业的平均工资分别仅占中等收入行业和高收入行业平均工资的 74. 00% 和 51. 20% ,分行业类型的平均工资差距较大。与此同时,最高收入行业的平均工资是最低收入行业平均工资的 4. 66 倍,比任红艳(2006)的研究结果扩大了 0. 8 倍,这表明行业间收入差距不但没有得到根本性扭转,还呈现行业收入差距进一步扩大的趋势。

6. 1. 2　最高和最低收入行业收入变化趋势

1990 年农、林、牧、渔业的平均工资为 1 541 元,采掘业的平均工资为 2 718元,农、林、牧、渔业和采掘业分别在各个行业中属于平均收入最低和最高的两个行业,最高收入行业的平均工资是最低收入行业的 1. 76 倍。为了进一步分析收入的行业差距的变化趋势，本研究分别使用2001～2016年《中国劳动统计年鉴》中“分行业就业人员和劳动报酬”的相关数据，对2000～2015年15年间的最低收入行业和最高收入行业平均工资进行分析。15年来农、林、牧、渔业作为最低收入行业的位置始终不变，平均工资由5 184元增加到2015年的31 947元，年均增加1 784.20元。最高收入行业在15年间经历了3次变化，共涉及4个行业，2000～2001年科学研究和综合技术服务业收入最高，而在2002年金融、保险业收入最高，2003～2008年信息传输、计算机服务和软件业平均收入最高，2009～2015年金融业收入最高。最高收入行业的平均工资由2000年的13 620元增加到2015年的114 777元，年均增加6 743.80元（图6－1）。

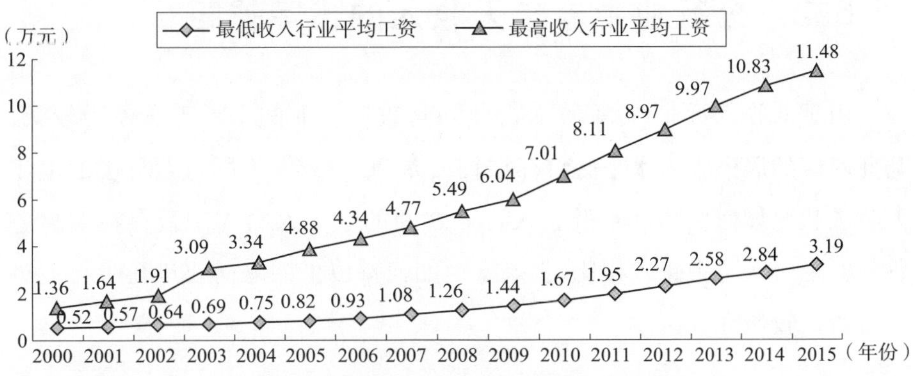

图6－1 最低和最高收入行业的平均工资

资料来源：2001～2016年《中国劳动统计年鉴》。

2000～2015年，虽然最高收入行业并非同一个行业，但是其收入年均增加幅度是最低收入行业的3.78倍，由此导致最高和最低收入行业间收入差距越来越大，最低和最高收入行业平均工资的剪刀差不断加大。2000年科学研究和综合技术服务业的平均收入与农、林、牧、渔业平均收入相差万元以内（8 436元），2001～2002年科学研究和综合技术服务业、金融保险业平均收入分别比农、林、牧、渔业高出1万元以上（10 696元和12 737元），

2003 ~ 2008 年信息传输、计算机服务和软件业的平均收入比农、林、牧、渔业高出 20 413 ~ 42 346 元，特别是从 2010 年以来，金融业的年均收入比农、林、牧、渔业的年均收入高出 53 429 ~ 82 830 元。

综上所述，2000 年以来，虽然最低收入行业和最高收入行业的平均工资都不断增加，但是由于最高收入行业的平均工资增长速度远远快于最低收入行业平均工资的增长速度，由此导致分行业收入差距不断扩大，特别是最高收入行业和最低收入行业之间，年均收入差距由 8 436 元扩大到 82 830元，行业间收入剪刀差不断扩大，这使得分行业中老年收入的研究具有非常重要的现实意义。

6.2 分行业中老年人收入的代际差距

由于低收入行业、中等收入行业和高收入行业的平均工资差距较大，与此对应的居民收入水平必将存在较大差距。那么，不同行业分类的老年人收入状况如何？高、中、低收入行业之间的老年人收入是否存在明显差距呢？老年人与中年人相比，收入差距如何？以上问题需要进行分行业类型进行比较研究。

6.2.1 分行业中老年人平均收入

分行业类型的居民收入与年龄显著负相关。表 6 - 2 显示，在 $P<0.001$水平下，40 ~ 79 岁中老年人的收入与年龄之间的 Pearson 相关系数为 -0. 087 0，即被访者年龄每提高一岁，其收入水平在理论上将减少 0. 087 元。分行业类型看，中等收入行业的中老年人收入与年龄的相关程度不但最低，而且没有统计意义（$P>0.005$）；低收入行业的中老年人平均收入与年龄的负相关程度较低，高收入行业的中老年人收入与年龄的负相关程度最高，Pearson 相关系数为 -0. 161 8，即来自高收入行业的被访者年龄每提高 1 岁,其收入水平在理论上将减少 0.16 元。

表 6－2　分行业类型中老年人的年龄与收入相关系数

相关系数	低收入行业类型	中等收入行业类型	高收入行业类型	合计
Pearson 相关系数	－0.113 8***	0.000 9	－0.161 8***	－0.087 0***
P 值	0.000 0	0.951 8	0.000 0	0.000 0
N	5 815	4 464	1 018	11 297

注：＊＊＊指 $P<0.001$。

不同行业类型之间老年人收入差距明显。表 6－3 显示,2010 年低收入行业老年组年均收入为 14 689.89 元,分别比中等收入行业和高收入行业少 10 534.80 元和 8 794.05 元。中等收入行业和高收入行业老年组平均收入非常接近,甚至在老年组平均收入中,还出现中等收入行业略高于高收入行业的特征,其原因可能主要与第三期中国妇女社会地位调查中采矿业中老年人数偏少、平均收入较低有关。将采矿业的老年组被访者占老年被访者的比例,与表 6－1 中采矿业就业人员占就业人员比例进行比较可见,第三期中国妇女社会地位调查中采矿业老年组被访者占老年被访者的 3.31%,占表 6－1 中采矿业就业人员占就业人员比例的 74.28%倍。与此同时,在第三期中国妇女社会地位调查中,老年组采矿业被访者的年均收入为 18 299 元,远远低于表 6－1 中采矿业就业人员平均工资。第三期中国妇女社会地位调查的老年组采矿业被访者平均收入偏低原因,可能既与老年组退出就业领域、退休金低于平均工资有关,也可能与采矿业老年组被访者中,退休前职业层次偏低、平均收入较低有关。此外,属于高收入行业的金融业也存在类似情况,具体原因有待进一步研究。

高收入行业、低收入行业的老年组收入均低于中年组。表 6－3 显示,分行业老年组平均收入为 19 192.41 元,比中年组的平均收入低 3 040.48 元,老年组平均收入占中年组平均收入的 86.32%。分行业类型看,高收入行业的老年组平均收入比中年组低 7 064.49 元,低收入行业老年组的平均

表 6－3　分行业类型的中老年组平均年收入

单位:元

行业类型	中年组			老年组		
	均值	N	标准差	均值	N	标准差
低收入行业	18 136. 46	3 188	20 257. 52	14 689. 89	2 627	12 689. 01
中等收入行业	25 118. 94	2 802	22 311. 32	25 224. 69	1 662	15 520. 20
高收入行业	30 548. 43	598	26 784. 54	23 483. 94	420	14 584. 62
行业平均	22 232. 89	6 588	22 207. 89	19 192. 41	4 709	14 816. 25

收入比中年组低 3 446. 57 元,高收入行业和低收入行业老年组平均收入分别占同行业类型的中年组收入的 76. 87% 和 81. 00% ,高收入行业和低收入行业的老年组与中年组收入代际差距,大于行业平均的老年组与中年组收入代际差距。此外,中等收入行业老年组的平均收入最高,不但高出高收入行业和低收入行业老年组的平均收入,甚至还略高于中等收入行业中年组的平均收入,其原因有待进一步研究。

6. 2. 2　分行业中老年人收入三等分

在进行分行业类型分析时,鉴于高收入行业的被访者人数相对较少,如果再对其进行收入五等分分析,就容易出现人数偏少、数据稳定性受到影响等问题,因此,仅对分行业类型的收入进行三等分分析。将 2010 年分行业类型的中老年人收入从低到高排序后,按照三等分的方法对中老年人收入进行分组发现,低收入组的收入区间为 0 ~ 12 000 元,中等收入组的收入区间为 12 001 ~ 22 080 元,高收入组的收入区间为 22 081 ~ 300 000元。

高中低收入组的平均收入差距明显。分行业类型的平均收入看,2010 年各类行业中低收入组的平均收入为 6 754. 02 元,中等收入组的平均收入为 17 192. 5 元,高收入组的平均收入为 39 636. 73 元。高收入组的平均收入分别是中等收入组、低收入组平均收入的2.31和5.87倍。换言之,低收入组的平均收入仅占高收入组、中等收入组平均收入的17.04%和39.28%,高中低收入组的平均收入差距明显。

老年组属于中等收入的比例均高于中年组(图6-2)。分行业类型,越是高收入行业的老年组被访者,属于低收入组的比例越低,该特征与以往认识经验一致。分年龄组看,老年组属于中等收入的比例都不同程度地高于中年组,高出比例为5.79~17.80个百分点。此外,老年组属于低收入组的比例均低于中年组,该特征与以往有关老年组平均收入低于中年组的发现并不一致,其原因主要与部分中年组被访者在调查前一年因失业等使工作不稳定、收入水平受到影响有关,而对于老年组被访者而言,或多或少的退休金足以保障其免于落入零收入之列。但对于中等收入行业中的老年组被访者属于高收入组的比例高出中年组7个百分点以上,具体原因还有待进一步研究。

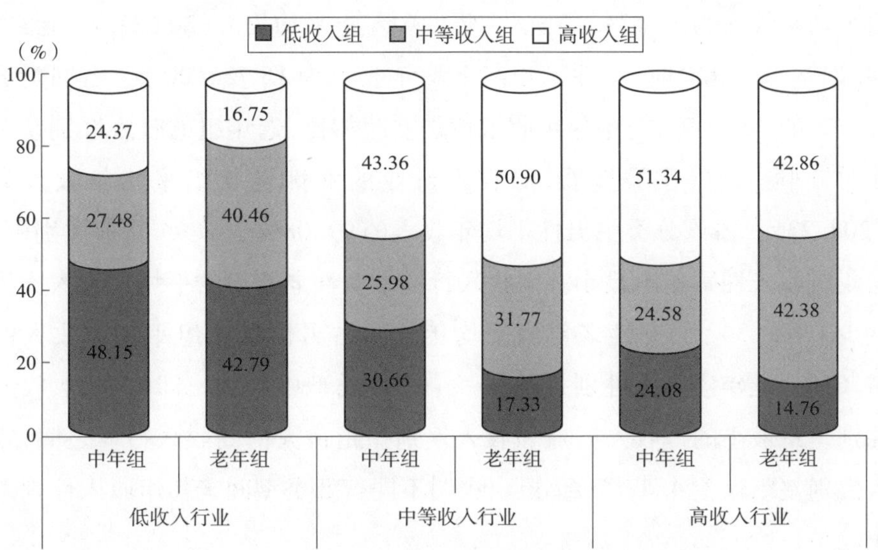

图6-2 分行业类型、分年龄组居民收入三等分构成

半数以上中等收入行业的老年组被访者属于高收入组。在分年龄组、分行业类型的收入三等分构成方面，低收入行业的老年组被访者在收入三等分中，属于高收入组的比例只有16.75%，高收入行业的老年组被访者属于高收入组的比例为42.86%，半数以上(50.90%)的中等收入行业老年组被访者属于高收入组，该比例高出高收入行业中老年组被访者属于高收入组的比例8.04个百分点，可能的原因主要与第三期中国妇女社会地位调查中金融业等部分高收入行业被访者平均收入偏低有关。

6.3 分行业中老年人收入的性别差距

6.3.1 分行业类型的中老年人收入性别差距

不同行业类型间老年组收入性别差距较小。表6-4显示，女性中年组平均年收入为18 134.47元，占男性中年组平均收入(26 622.49元)的68.12%。与此同时，女性老年组平均年收入为15 735.00元，占同类男性收入的70.86%，与中年组收入性别差距相比，老年组的收入性别差距相对较小。分行业类型看，低收入行业的女性老年组平均年收入为6 204.23元，占该分类中男性平均年收入的99.08%，在三个行业类别中，老年组收入性别差距最小。高收入行业中女性老年组的平均年收入比男性少1 905.34元，女性老年组平均年收入占男性老年组平均年收入的94.61%，老年组收入性别差距在三个行业类型中最大。即使如此，收入性别差距最小的低收入行业和收入性别差距最大的高收入行业之间，收入性别差距仅差4.47个百分点，表明不同行业类型间老年组收入性别差距较小。

高收入行业和低收入行业的老年组收入性别差距小于中年组。除了不同行业类型女性老年组总体收入占同类男性收入的比例(70.86%)高于

表 6-4　分行业类型、分年龄组的男女平均年收入

行业类型	中年组			老年组		
	男性/元	女性/元	女/男/%	男性/元	女性/元	女/男/%
低收入行业	7 474.18	6 820.77	91.26	6 261.98	6 204.23	99.08
中等收入行业	17 464.54	17 106.21	97.95	17 443.96	16 711.73	95.80
高收入行业	44 505.65	39 924.22	89.71	35 335.92	33 430.58	94.61
平均	26 622.49	18 134.47	68.12	22 205.95	15 735.00	70.86

中年组收入性别差距外，在高收入行业和低收入行业中，女性老年组的平均年收入分别占男性老年组平均年收入的 94.61%、99.08%，分别比这两个行业类型对应的女性中年组平均年收入占男性中年组平均年收入的比例高 4.90 和 7.82 个百分点，这表明在高收入行业和低收入行业内部，老年组收入的性别差距小于中年组。

在不同行业类型中，女性老年组收入的代际差距小于男性。从不同行业类型的同性别收入代际差距看，女性老年组收入占女性中年组收入的 86.77%，该比例比男性老年组收入占男性中年组收入的比例高 3.36 个百分点。不仅如此，在低收入行业和高收入行业中，女性的收入代际差距也分别比男性小 7.18 和 4.34 个百分点。虽然中等收入行业的女性收入代际差距略大于男性，但对于女性老年组收入已占到女性中年组收入 97.69% 而言，即使略低于男性老年组收入占男性中年组收入的 2.19 个百分点，仍然表明不同行业类型中女性收入的代际差距较小。

6.3.2　分行业男女老年人收入三等分

女性老年组属于低收入组的比例明显高于男性。图 6-3 显示，在低收入行业、中等收入行业以及高收入行业中，女性属于低收入组的比例分别比男性高 21.93、12.58 和 7.98 个百分点低，即女性低收入组的比例明显高于男性。特别是在低收入行业中，女性属于低收入组的比例高达

53.14%，即半数以上低收入行业的女性收入属于低收入组，与同类男性属于低收入组的比例差距最大；在中等收入行业中，女性老年组属于低收入的比例接近25%。与此同时，女性属于高收入组的比例明显低于男性，特别是在低收入行业中，只有不到10%的女性属于高收入组，该比例比同类男性低16.24个百分点。尽管不同行业类型间老年组收入性别差距较小，但女性老年组属于低收入组的比例明显高于男性。可见，虽然男女老年组平均收入水平差距不大，但是从男女老年组的收入三等分看，女性老年组中低收入者更多。

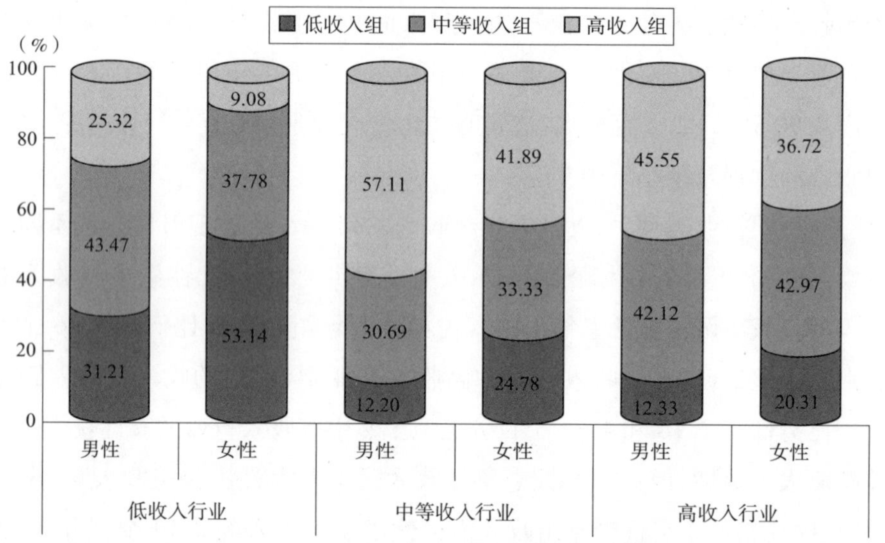

图6-3　分行业类型、分性别的老年组收入三等分构成

半数以上中等收入行业的男性老年人属于高收入组。在中等收入行业中，男性属于高收入组的比例高达57.11%，比女性老年组属于高收入组的比例高出15.22个百分点，尽管如此，仍然有超过40%的中等收入行业女性属于高收入组。出现中等收入组男女老年人属于高收入组的比例超出高收入行业的主要原因，可能与第三期中国妇女社会地位调查中，属于高收入组的采矿业和金融业被访者收入偏低以及与之对应的样本量所占比例较大有关。

6.4　分行业中老年人收入差距的泰尔指数

6.4.1　分行业总体中老年人收入的泰尔指数

中老年人收入泰尔指数行业间差异较大。表 6－5 数据显示，分行业中老年人收入的总体泰尔指数高达 12.944 3，与分行业类型的平均收入差距一致，不同行业类型的泰尔指数之间差异明显。来自中等收入行业的中老年人收入泰尔指数(4.723 0)及其组间差距(4.515 3)在三个行业类型中都最大，而来自高收入行业中老年人收入泰尔指数及其组间差距都最小，低收入行业类型中老年人收入泰尔指数和组间差距居中。从三类行业中老年人收入泰尔指数的比较看，中等收入行业的居民收入泰尔指数分别是低收入行业和高收入行业中老年人收入泰尔指数的 1.18 倍和 7.39 倍。中等收入行业的居民收入泰尔指数远远大于高收入行业居民收入泰尔指数的原因，可能与中等收入行业老年组平均收入高于中年组平均收入以及老年组和中年组个体收入差距较大有关，具体原因有待进一步研究。

泰尔指数的组间差距大于组内差距。不论是分行业类型的中老年人收入的总体泰尔指数，还是分行业类型的中老年人收入泰尔指数，都表现出组间差距及其贡献率远远大于组内差距的特征，该特征与第 5 章反映的分区域中老年收入泰尔指数(表 5－6)的组内差距大于组间差距的特征完全不同。总体而言，分行业类型全体中老年人收入的组间差距贡献率为 97.81%，组内差距的贡献率仅为 2.19%。分行业类型看，来自中等收入行业的中老年人收入组间差距最大，组间差距对泰尔指数的贡献率高达 95.60%，来自低收入行业的中老年人收入组间差距次之，来自高收入行业的中老年人收入组间差距贡献率相对最小，即便如此，高收入行业中老年人收入的组间差距对泰尔指数的贡献率也在62%以上。

表6-5　分行业类型、分年龄组的泰尔指数

行业类型	组内差距 T_w			组间差距 T_b	泰尔指数 T	贡献率/%	
	中年组	老年组	组内合计			组内	组间
低收入行业	0.108 1	0.178 1	0.286 2	3.728 3	4.014 5	7.13	92.87
中等收入行业	0.104 8	0.102 9	0.207 7	4.515 3	4.723 0	4.40	95.60
高收入行业	0.060 3	0.179 3	0.239 5	0.399 8	0.639 4	37.47	62.53
合计	0.107 9	0.175 5	0.283 4	12.661 0	12.944 3	2.19	97.81

组内差距方面，老年组大于中年组。在老年组和中年组的泰尔指数组内差距方面，总体中老年组收入的组内差距为0.175 5，对泰尔指数的组内差距贡献率为61.93%，中年组收入对组内差距的贡献率为38.07%，老年组对组内差距的贡献率比中年组的贡献率高出20个百分点以上。分行业类型看，中等收入行业的老年组收入组内差距对泰尔指数组内差距的贡献率最小（49.54%），低收入行业的老年组收入组内差距对泰尔指数组内差距的贡献率居中，来自高收入行业的老年组收入组内差距对泰尔指数组内差距的贡献率最大（74.86%）。不同行业类型的老年组的组内差距大于中年组组内差距的特点，与第5章反映的老年组、中年组的收入组内差距特征一致（表5-6）。

6.4.2　分行业男性中老年人收入的泰尔指数

不同行业类型的男性中老年人收入代际差距都较小。表6-6显示，男性收入泰尔指数为6.653 1，比表6-5中男女合计中老年人收入泰尔指数小6.291 2。分行业类型看，来自中等收入行业的男性中老年人收入的泰尔指数最大（2.442 3），来自低收入行业男性中老年人收入的泰尔指数次之，来自高收入行业男性中老年人的收入泰尔指数最小。换言之，来自中等收入行业的男性中老年人收入代际差距最大，来自高收入行业的男性收入代际差距最小。从不同行业类型的中老年人收入代际差距倍数看，来自中等收入行业的男性中老年人收入代际差距是低收入行业男性中老年人收入代际差距的1.36倍，是来自高收入行业男性中老年人收入代际差距的6.12倍。尽管如此，不同行业类型的男性中老年人收入代际差距都普遍较小。

表6-6　分行业类型、分年龄组的男性中老年人收入泰尔指数

行业类型	组内差距 T_w			组间差距 T_b	泰尔指数 T	贡献率/%	
	中年组	老年组	组内合计			组内	组间
低收入行业	0.0887	0.1860	0.2747	1.5262	1.8009	15.25	84.75
中等收入行业	0.0907	0.1099	0.2006	2.2416	2.4423	8.21	91.79
高收入行业	0.0439	0.1821	0.2260	0.1728	0.3988	56.68	43.32
合计	0.0878	0.1623	0.2501	6.4030	6.6531	3.76	96.24

男性中老年人收入组内差距在不同行业类型间差异很小。表6-6数据显示，男性中老年人收入的组内差距（0.2501）与分行业类型的组内差距非常接近。分行业类型看，无论是低收入行业的中老年收入组内差距，还是中等收入行业和高收入行业的中老年人收入组内差距为0.2006~0.2747，不同行业类型间的组内差距仅为0.0741，表明不同收入行业类型的组内差距较小。

老年组收入的组内差距略大于中年组收入的组内差距。从分年龄组的组内差距看，老年组收入的组内差距为0.1099~0.1860，中年组收入的组内差距为0.0439~0.0907，老年组收入的组内差距是中年组收入组内差距的1.21~4.15倍，这表明不同行业中，男性老年组内部的收入差距大于男性中年组内部的收入差距，该特点在来自高收入行业的男性收入中表现最为明显。

6.4.3 分行业女性中老年人收入的泰尔指数

不同行业类型女性中老年人总体的收入泰尔指数相对较小。表6－7显示，女性行业总体的泰尔指数为3.831 1，不但远远小于男女合计的行业总体收入泰尔指数，而且比男性行业总体的泰尔指数小2.822 0。不仅如此，不同行业类型的女性中老年人收入泰尔指数也很小，表明分行业类型的女性中老年人收入代际差距都较小，验证了表6－4分行业类型、分年龄组的男女平均年收入中，女性收入代际差距较小的特征。根据表6－4女性老年组和中年组平均收入计算，女性老年组平均收入占女性中年组平均收入的86.77%，比男性老年组平均收入占男性中年组平均收入的83.41%高出3.36个百分点，再次说明表6－7验证了分行业女性收入代际差距较小的特征。

表6－7 分行业类型、分年龄组的女性中老年人收入泰尔指数

行业类型	组内差距 T_w			组间差距	泰尔指数	贡献率/%	
	中年组	老年组	组内合计	T_b	T	组内	组间
低收入行业	0.111 5	0.154 7	0.266 2	1.047 9	1.314 1	20.26	79.74
中等收入行业	0.107 6	0.098 4	0.206 0	1.052 4	1.258 4	16.37	83.63
高收入行业	0.075 6	0.180 7	0.256 3	－0.024 6	0.231 7	110.63	－10.63
合计	0.112 2	0.185 0	0.297 2	3.533 9	3.831 1	7.76	92.24

低收入行业和中等收入行业的女性中老年人收入泰尔指数不但都小而且很接近。由表6－7可见，低收入行业和中等收入行业女性中老年收入的泰尔指数为1.258 4～1.314 1，不但泰尔指数总体较小，而且非常接近。与此同时，低收入行业和中等收入行业中老年女性收入的组内差距和组间差距也非常接近。结合表6－4分行业类型、分年龄组的男女平均年收入看，在低收入行业中，女性老年组平均年收入占女性中年组平均年收入的90.96%；在中等收入行业中，女性老年组平均年收入占女性中年组平

均年收入的97.69%，这些特征都表明低收入行业和中等收入行业的中老年女性收入代际差距不但较小，而且非常接近。

女性总体及分行业类型的中老年女性收入泰尔指数均小于男性。与分行业类型的男性中老年泰尔指数相比，女性总体泰尔指数(3.831 1)，比男性中老年人收入的相应泰尔指数小2.822 0。分行业类型看，中等收入行业的女性中老年人收入泰尔指数比同类男性中老年人收入泰尔指数小1.183 9，高收入行业类型和低收入行业的男女中老年人收入泰尔指数非常接近，女性中老年人收入的泰尔指数仅略小于男性。行业总体及分行业类型中男大女小的泰尔指数表明，女性总体及分行业类型的中老年人收入代际差距小于男性，该特征与表6－4分行业类型、分年龄组的男女平均年收入所反映的分性别收入代际差距特点一致。

男女中老年人收入的组内差距非常接近。比较表6－6和表6－7可见，不但女性中老年人总体及分行业类型的收入组内差距和男性中老年人总体及分行业类型的收入组内差距非常接近，而且女性中年组内部和老年组内部的组内收入差距与男性的相应收入组内差距相比也非常接近。这表明分行业类型的男性中老年人收入泰尔指数大于女性中老年人收入泰尔指数的原因，主要是由男性中老年人收入的组间差距较大造成的。

6.5 本章小结

第一，收入行业差距越来越大。1990～2015年，虽然最低收入行业和最高收入行业的平均工资都不断增加，但是由于最高收入行业的平均工资增长速度远远快于最低收入行业平均工资的增长速度，由此导致分行业收入差距及其剪刀差不断扩大。2010年最高收入行业的平均工资是最低收入行业平均工资的4.66倍，比2004年扩大了0.8倍，表明行业间收入差距扩大趋势并未得到扭转。

第二,老年组收入及其代际差距在不同行业类型间差异明显。分行业类型的中老年人收入与年龄显著负相关,其中高收入行业的中老年人收入与年龄的负相关程度最高。高收入行业和低收入行业老年组平均年收入分别占同行业类型中年组收入的76.87%和81.00%。从收入性别差距看,不同行业类型间老年组收入性别差距较小,其中,高收入行业和低收入行业的老年组收入性别差距小于中年组。在不同行业类型中,女性老年组收入的代际差距小于男性。

第三,不同行业类型的中老年人收入泰尔指数差异较大。不论是分行业类型合计的中老年人收入泰尔指数,还是分行业类型的中老年人收入泰尔指数,都表现出组间差距及其贡献率远远大于组内差距的特征。不同行业类型的男性中老年收入的代际差距、组内差距和组间差距差异都较小。分年龄组看,男性老年组收入的组内差距略大于中年组收入的组内差距,男女收入的组内差距非常接近。与中老年男性总体及分行业类型的收入泰尔指数相比,中老年女性总体及分行业类型的收入泰尔指数均小于中老年男性相应数据。在低收入行业和中等收入行业中,女性中老年人收入的泰尔指数不但都很小而且非常接近。

第7章

分单位类型中老年人收入研究

对于每一位城镇中老年人而言，不论属于哪个行业、从事什么职业，基本上会对应一个单位类型。由 2001～2009 年[①]《中国统计年鉴》中"按细行业分城镇单位就业人员平均劳动报酬"可见，城镇事业单位就业人员的平均劳动报酬比企业就业人员高 2～12 个百分点，机关单位从业人员的报酬比企业高 9～19 个百分点，机关事业单位的平均工资均高于企业，即不同单位类型间中老年人收入存在一定的差距。

此外，由第 3 章对不同单位类型的离退休金增长趋势分析可见，2006～2015 年，机关事业单位和企业及其他单位类型的退休人员人均养老金分别由 15 357.86 元和 10 114.90 元，增加到 44 128.03 元和 27 108.33 元，分别增加了 28 770.17 元和 16 993.43 元，机关事业单位离退休金比企业高出幅度由 2006 年的 51.83% 提高到 2015 年的 62.78%。由此可见，运用 1990 年和 2010 年两次微观调查数据，分别按单位类型来研究中老年人收入及其

① 2009 年以后，《中国统计年鉴》和《中国劳动统计年鉴》都不再呈现分单位类型的平均工资。

代际差距，对于准确认识和把握中老年人收入的代际差距和行业差距具有重要意义。

7.1 分单位类型的中老年人收入

7.1.1 关于不同单位类型的划分标准

关于单位类型变量，在1990年第一期中国妇女社会地位调查中，并没有涉及单位类型的问题；而在2010年第三期中国妇女社会地位调查中，单位类型包括党政机关/人民团体、社会团体、事业单位、企业、民办非企业、个体经营、其他7项，为了便于在研究中进行比较分析，本研究将2010年的党政机关/人民团体、社会团体和事业单位归为机关事业单位，将民办非企业、个体经营和其他归为其他单位性质。这样，即可将单位性质合并为机关事业单位、企业和其他三种类型进行比较。

在2010年调查中，中老年被访者的单位性质为企业的占61.12%，来自机关事业单位和“其他”单位类型的分别占26.81%和12.07%（表7-1）。即60%以上被访者目前所在单位或退休前的单位为企业，来自机关事业单位的超过25%。与根据《中国劳动统计年鉴2009》[①]分行业就业人员和劳动报酬（2008年）计算的企业所占比例（66.60%）相比，2010年第三期中国妇女社会地位调查中来自企业的被访者所占比例较之低5.48个百分点，来自机关事业单位被访者所占比例较之低6.59个百分点。之所以如此，主要与《中国劳动统计年鉴2009》中只统计了城镇单位就业人员数的口径有关，实际上被访者除了来自机关事业单位和企业外，还有10%以上来自民办非企业、个体经营等类型的单位。

① 自2009年《中国劳动统计年鉴》后，该年鉴及其他年鉴均不再呈现“按登记注册类型和细行业分城镇单位就业人员数”，与之对应的机关事业单位、企业人数无法获得。

表7－1　分单位类型的样本分布与平均收入

单位类型	频数	百分比/%	平均收入/元	标准差/元
机关事业单位	2 478	26. 81	31 387. 34	17 845. 62
企业	5 650	61. 12	19 958. 17	18 099. 56
其他	1 116	12. 07	17 930. 11	20 301. 25
合计	9 244	100. 00	22 777. 10	19 048. 50

被访者的年龄构成。在被访者年龄构成中，40～59岁中年组占56. 48%，60～79岁老年组占43. 52%。分单位类型看，来自机关事业单位的老年组所占比例较高(49. 61%)，来自企业的老年组占46. 46%。而来自其他类型单位的被访者年龄构成与机关事业单位和企业有所不同，绝大部分为40～59岁中年组(表7－2)。

表7－2　分单位类型的中老年组人数与构成

年龄	机关事业		企业		其他		合计	
	人数/人	百分比/%	人数/人	百分比/%	人数/人	百分比/%	人数/人	百分比/%
40～59岁	1 276	50. 39	3 060	53. 54	971	84. 66	5 307	56. 48
60～79岁	1 256	49. 61	2 655	46. 46	176	15. 34	4 087	43. 52
合计	2 532	100. 00	5 715	100. 00	1147	100. 00	9 394	100. 00

7. 1. 2　不同单位类型的中老年人收入三等分

在进行分单位类型分析时，鉴于其他单位类型的被访者人数相对较少，再进行分年龄组收入五等分分析时，容易出现分组人数偏少现象，因此本章仅对收入进行三等分分析。

收入三等分情况。将2010年分单位类型的中老年人收入从低到高排序后，按照三等分的方法对被访者收入进行分组，低收入组的收入区间为0～14 440元，中等收入组的收入区间为14 441～24 000元，高收入组的收入区间为24 001～300 000元。分单位类型的被访者高、中、低收入组的平均收入见表7－3。其中,2010年各类单位低收入组的平均收入为9 303.93元,中等收入组的平均收入为19 315.18元,高收入组的平均年收入为41 612.56元。高收入组的平均年收入分别是中等收入、低收入组平均年收入的2.15倍和4.47倍。换言之,低收入组的平均收入仅占高收入组、中等收入组平均收入的22.36%和48.17%(表7－3)。

表7－3　2010年分单位类型的中老年组收入三等分

单位:元

收入分组	机关事业单位	企业	其他	合计
低收入组	10 617.97	9 210.84	8 016.04	9 303.93
中等收入组	20 343.86	19 004.57	18 853.11	19 315.18
高收入组	40 263.29	43 418.32	48 039.06	41 612.56
合计	31 387.34	19 958.17	17 930.11	22 277.10

7.1.3　分单位类型的中老年人收入代际差距

收入与年龄显著负相关。在 $P<0.05$ 水平下,40～79岁中老年人收入与年龄的Pearson相关系数为－0.126,即被访者年龄每提高1岁,收入在理论上将减少0.126元。分单位类型看,机关事业单位被访者平均收入与年龄的负相关程度最低,Pearson相关系数为－0.043,其原因可能是机关事业单位部分老年组被访者属于离休干部,其收入明显高于一般老年人,进而导致机关事业单位被访者收入与年龄的负相关程度较低。而来自企业被访者的平均收入与年龄负相关程度最高,Pearson相关系数为－0.110,即来自企业的被访者年龄每提高1岁,收入在理论上将减少0.11元。来自其他单位类型被访者平均收入与年龄的负相关程度居中(表7－4)。

表7-4 分单位类型的中老年人年龄与收入相关系数

相关系数	机关事业单位	企业	其他	合计
Pearson 相关系数	-0.043*	-0.110***	-0.094**	-0.126**
P 值	0.031	0.000	0.002	0.000
N	2 478	5 650	1 116	12 361

注：*指在0.05水平上显著相关，**指在0.01水平上显著相关，***指在0.001水平上显著相关（双尾）。

中老年人收入代际差距。表7-5显示，总体而言，老年组的平均年收入为16 945.52元，比中年组的平均年收入少4 574.19元，老年组平均年收入占中年组平均年收入的78.74%。分单位类型看，机关事业单位的中年组和老年组平均年收入不但在三个单位类型中均为最高，而且，老年组平均年收入占中年组平均年收入的比例也最高，表明在三种单位类型中，机关事业单位中老年人收入的代际差距最小。来自企业的中年组和老年组收入代际差距居中，来自其他单位类型的中老年人收入代际差距最大，其老年组收入占中年组收入的比例为73.03%。

表7-5 中老年组分单位类型的平均年收入

分组	机关事业单位	企业	其他	平均
40~59岁中年组/元	32 356.24	21 506.03	18 684.29	21 519.71
60~79岁老年组/元	30 409.02	18 169.36	13 644.39	16 945.52
老年组收入占中年组比例/%	93.98	84.48	73.03	78.74

中老年人收入三等分状况。从分单位类型的收入三等分看，机关事业单位老年组属于高收入组的比例最高，达到60.50%，企业老年组属于高收入组的比例次之，来自其他单位类型的老年组属于高收入组的比例最低，仅为11.98%。即有六成以上机关事业单位老年组属于高收入组，来自企业和其他单位类型的老年组属于高收入组的比例分别仅为1/7和1/8左右。来自机关事业单位的老年组不论在平均年收入方面，还是在收入三等

分方面，都处于优势地位。

总体而言，机关事业单位、企业和其他单位类型的老年组，属于中等收入组的比例均高于中年组，高出比例分别为4.22、17.36和0.27个百分点。分单位类型看，机关事业单位老年组属于高收入组的比例仅比中年组低1.03个百分点，属于低收入组的比例比中年组低3.20个百分点，表明机关事业单位老年组和中年组收入代际差距很小。而对于来自其他单位类型的老年组而言，不但属于高收入组的比例低于中年组8.25个百分点，而且属于低收入组的比例高于中年组7.99个百分点，表明来自其他单位类型被访者的收入代际差距更大（图7－1）。

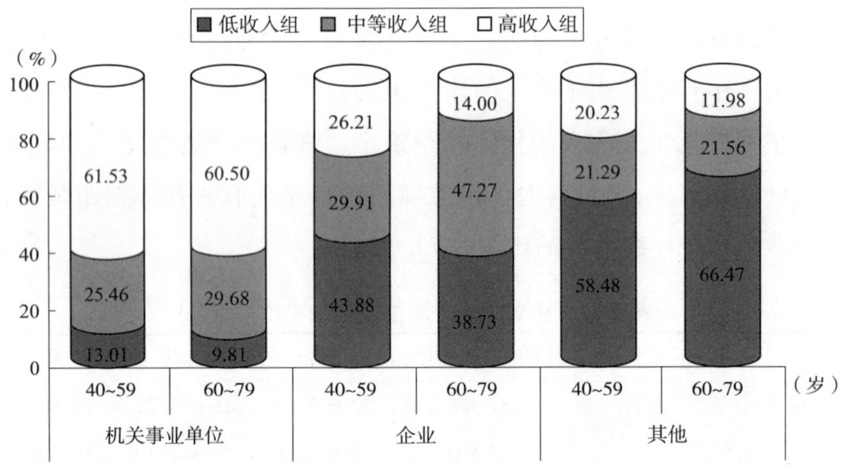

图7－1　分单位类型的中老年组收入三等分

注：数据统计时进行了四舍五入。

7.2　分单位类型的中老年人收入性别差距

上述有关性别与收入的研究表明，中老年人收入存在显著的性别差距，男性中老年人收入普遍高于女性中老年人收入。对于分单位类型中老年人而言，是否也存在同样的收入性别差距呢？如果存在，不同单位类型间存在怎样的收入性别差距呢？

7.2.1　机关事业单位中老年人收入性别差距

机关事业单位退休的男女老年人平均收入较高，收入代际差距总体较小。分性别看，机关事业单位男性中老年人平均收入普遍高于女性中老年人平均收入，男性中老年收入代际差距也略大于女性。

中老年人收入的代际差距较小。对于机关事业单位中老年人而言，不论男女，普遍存在中年组平均收入均高于老年组的情况。2010年机关事业单位中年组被访者的平均收入为32 356.24元，老年组的平均收入为30 409.02元，中年组的平均收入较老年组高1 947.22元，即老年组的平均收入占中年组的93.98%，老年组平均收入仅比中年组低6.02个百分点，由此可见，来自机关事业单位被访者平均收入的代际差距很小。

老年组收入存在性别差距。2010年机关事业单位男性老年组的平均年收入为31 984.74元。其中男性老年人属于低收入组的比例仅占7.61%，属于中等收入的占25.40%，2/3以上的男性老年组属于高收入组，该比例是低收入组的8.80倍。女性老年组的平均收入为27 751.91元，占同龄男性的86.77%。其中女性老年人属于低收入组的比例为16.75%，女性低龄老年人属于低收入组的比例是同龄男性的2.20倍，属于高收入组的比例却比同龄男性低14.33个百分点。此外，40～59岁女性中年组平均收入仅占同龄男性的81.14%，在各个年龄组中所占比例最低，这可能主要与我国分性别退休年龄政策有关。一般而言，女性工人的退休年龄为50岁，女干部的退休年龄为55岁，男性不论是工人还是干部，退休年龄都是60岁。男高女低的分性别退休年龄政策，不但阻碍了部分女性的职业发展，而且减少了女性收入。由此可见，不论从平均收入看，还是从收入三等分的比例来看，男性老年组的收入与女性老年组均存在一定的性别差距（表7－6）。

表 7-6　2010 年机关事业单位中老年组分性别平均年收入　单位:元

年龄	男性			女性		
	均值	N	标准差	均值	N	标准差
40～59 岁	35 105.11	671	20 830.35	29 142.84	574	18 584.71
60～79 岁	31 984.74	774	15 984.57	27 751.91	459	13 558.94
合计	33 433.72	1 445	18 453.38	28 524.80	1 033	16 548.13

男女收入的代际差距都很小。在男性被访者中,男性老年组的平均年收入占男性中年组平均收入的 91.11%,即来自机关事业单位的老年男性平均年收入占中年男性的 9 成以上,收入差距较小。与此同时,女性老年组的平均收入占女性中年组的 95.23%,即女性老年组与中年组的收入代际差距更小,究其原因,并不是女性老年组收入较高,而是由于女性中年组收入较低造成的。表 7-7 中分 10 岁组平均收入看,无论男女,均表现出 40～49 岁平均收入最高,60～69 岁平均收入最低的特征。40～49 岁平均收入最高的原因,既与该年龄组正值年富力强、劳动能力最强有关,也与 50～55 岁后女性因退休而减少收入有关。此外,70～79 岁老年组平均收入高于60～69 岁老年组收入的原因,主要与部分 70～79 岁老年人享受离休待遇有关。

表 7-7　2010 年机关事业单位分 10 岁组中老年组分性别平均年收入

单位:元

年龄	男性			女性		
	均值	N	标准差	均值	N	标准差
40～49 岁	35 728.91	381	22 717.255	29 941.73	358	19 541.177
50～59 岁	34 285.56	290	18 060.285	27 818.76	216	16 841.117
60～69 岁	31 529.93	336	15 999.688	27 587.11	246	12 960.026
70～79 岁	32 333.64	438	15 982.476	27 942.25	213	14 247.763
总计	33 433.72	1 445	18 453.381	28 524.80	1 033	16 548.134

7.2.2　企业中老年人收入性别差距

从企业退休的男女老人平均收入都较低，收入代际差距总体较大。分性别看，来自企业的男性中老年被访者的平均收入普遍高于女性被访者，收入代际差距也略大于女性。

企业中老年人收入代际差距大于机关事业单位。虽然来自企业的中老年人与来自机关事业单位中老年人在平均收入方面特征相同，即不论男女，普遍存在中年组平均收入均高于老年组的情况。2010年来自企业的中年组平均收入为21 506.03元，老年组的平均收入为18 169.36元，中年组的平均收入较老年组高3 336.67元，老年组的平均收入占中年组84.48%。来自企业中老年人平均收入的代际差距，比机关事业单位中老年人平均收入的代际差距（93.98%）高9.50百分点。

企业的收入性别差距大于机关事业单位。2010年企业男性老年组的平均收入为20 437.65元，属于低收入组的比例仅占26.15%，属于中等收入的占53.61%，20.25%的男性老年组属于高收入组。企业男性老年组属于高收入组的比例，比来自机关事业单位的男性老年组相应比例低46个百分点以上。女性老年组的平均收入为15 673.88元，仅占同类男性的76.69%。女性老年组属于低收入组的比例为52.56%，该比例是同类男性的2.01倍，属于高收入组的比例却比同类男性低13.12个百分点。由此可见，不论从平均收入看，还是从收入三等分看，来自企业的男性老年组与女性老年组收入存在较大性别差距，该差距比来自机关事业单位被访者的性别差距高10个百分点左右。

男性老年人收入的代际差距大于女性。在男性被访者中，男性老年组的平均收入占男性中年组收入的80.17%，即来自企业的老年男性平均年收入占中年男性的八成左右，收入差距较大。与此同时，女性老年组的平均收入占女性中年组的88.88%，即女性老年组与中年组平均年收入代际差距比男性低近9个百分点(表7-8)。来自企业被访者收入代际差距的男大女小特征,与机关事业单位被访者完全一致,即女性被访者的收入代际差距较小,主要是由于女性中年组平均收入较少有关,即女性内部代际差距较小的状况,是以男女两性收入性别差距扩大为代价的。从表7-9企业分性别、分10岁组被访者的平均收入看,无论男女,均表现出年龄越大,平均收入越低的特征。在老年组收入方面,70~79岁老年组平均收入低于60~69岁老年组收入的原因,主要与大部分70~79岁老年人在企业的退休时间较早、离休比例较少、退休金总体偏低有关。

表7-8　2010年企业中老年组分性别的平均年收入

单位:元

年龄	男性			女性		
	均值	N	标准差	均值	N	标准差
40~59岁	25 494. 36	1 492	25 009. 059	17 634. 48	1 537	17 683. 91
60~79岁	20 437. 65	1 373	12 764. 960	15 673. 88	1 248	10 476. 93
合计	23 071. 02	2 865	20 249. 777	16 755. 90	2 785	14 921. 55

表7-9　2010年企业分性别、分10岁组被访者的平均收入

单位:元

年龄	男性			女性		
	均值	N	标准差	均值	N	标准差
40~49岁	28 478. 59	782	28 449. 50	17 230. 43	763	21 178. 76
50~59岁	22 207. 51	710	20 077. 24	18 032. 78	774	13 376. 06
60~69岁	21 080. 86	728	15 333. 37	15 828. 67	685	9 752. 41
70~79岁	19 711. 67	645	8 985. 13	15 485. 55	563	11 301. 98
总计	23 071. 02	2 865	20 249. 78	16 755. 90	2785	14 921. 55

7.2.3　其他单位类型的中老年人收入性别差距

在三种单位类型中,来自其他单位类型的男女老年组平均收入都最低，收入代际差距也最大。分性别看，来自其他单位类型的男性中老年组平均收入普遍高于女性中老年组，男性中老年组的收入代际差距也大于女性。

来自其他单位类型的老年组平均收入最低，收入代际差距最大。来自其他单位类型的中老年组与来自机关事业单位、企业中老年组一样，普遍存在中年组平均收入均高于老年组的情况。表7－10数据显示，2010年来自其他单位类型的中年组平均收入为18 684.29元，老年组平均收入却为13 644.39元，老年组平均收入占中年组的73.03%。来自其他单位类型中老年组收入代际差距，分别比机关事业单位、企业中老年组收入的代际差距高20.95和11.45个百分点，老年组平均年收入分别比机关事业单位、企业老年组收入低16 764.63元和4 524.97元。

表7－10　2010年分单位类型中老年组的平均收入

年龄	机关事业单位	企业	其他
40～59岁/元	32 356.24	21 506.03	18 684.29
60～79岁/元	30 409.02	18 169.36	13 644.39
老年组收入占中年组比例/%	93.98	84.48	73.03

男女老年组收入性别差距最大。[①] 来自其他单位类型的老年组与来自机关事业单位、企业老年组都普遍存在男性平均收入高于女性的特征。2010年来自其他单位类型的男性老年组平均年收入为15 394.79元，女性老年组平均年收入为11 785.94元，女性老年组平均年收入仅占同类男性的76.56%，该比例分别低于机关事业单位、企业的相应比例10.21和0.13个百分点（表7－11）。

此外，分单位类型比较发现，虽然各类单位男性平均收入都高于女性，

① 鉴于属于其他单位类型的男女老年人分别仅有86人和81人，本研究不再对其进行收入三等分研究。

但是不同单位类型的中老年组平均收入存在较大的性别差距,该差距证明进行分单位类型分析的意义与必要性。虽然机关事业单位女性老年组平均收入低于同类男性,但远远高于来自企业和其他单位类型的女性老年组平均收入占男性老年组平均收入的比例。与此同时,来自企业的女性老年组平均收入略高于来自其他单位类型的男性老年组,而来自其他单位类型的女性老年组收入最低,其平均收入仅占机关事业单位男性老年组的36.85%,占企业和其他单位类型男性老年组的57.67%和76.56%。

表7-11　2010年分单位类型、分性别的中老年组平均收入

年龄	男性			女性		
	机关事业单位	企业	其他	机关事业单位	企业	其他
40~59岁/元	35 105.11	25 494.36	23 746.34	29 142.84	17 634.48	15 520.51
60~79岁/元	31 984.74	20 437.65	15 394.79	27 751.91	15 673.88	11 785.94
老年组收入占中年组比例/%	91.11	69.17	64.83	95.23	88.88	75.94

来自其他单位类型的男性中老年组收入代际差距最大。来自其他单位类型的男性老年组平均收入占男性中年组平均收入的64.83%,即来自其他单位类型老年男性的平均收入不及中年男性平均收入的2/3,在各类单位类型中收入代际差距最大。与此同时,女性老年组的平均收入占女性中年组平均收入的75.94%,即女性中老年组平均收入的代际差距比男性低10个百分点以上。换言之,来自其他单位类型的男性中老年组收入代际差距,无论是和来自其他单位类型的女性中老年组收入代际差距相比,还是和机关事业单位或企业的男性中老年组收入代际差距相比,都表现出收入代际差距最大的特征。与来自机关事业单位和企业中老年组收入代际差距的男大女小特征一致,女性中老年组收入代际差距较小的原因,仍然主要是女性中年组平均收入偏低。来自其他单位类型女性中年组的平均收入,仅与来自其他单位类型的男性老年组平均收入基本持平;来自企业的女性中年组平均收入,不及来自企业的男性老年组平均收入;而来自

机关事业单位的女性中年组平均收入,不及来自机关事业单位的男性老年组平均收入。

7.3　分单位类型的中老年人收入泰尔指数

在对机关事业单位、企业和其他单位类型中老年人收入的代际差距和性别差距分析的基础上,需要进一步研究收入差距主要是由代际差距扩大造成的,还是由中年组或老年组收入的代内差距造成的;如果需要控制收入差距持续扩大的趋势,是应该主要从缩小代内差距着手解决,还是应该从代际差距采取措施。要回答这些问题,就必须借助泰尔指数对中老年人收入的代内差距和代际差距进行研究。

7.3.1　分单位类型中老年人收入的泰尔指数

不同单位类型的中老年人收入泰尔指数小而不同。无论是将表 7 - 12 的泰尔指数与第 5 章分区域中老年人收入的泰尔指数(表 5 -6)相比,还是与第 6 章分行业类型、分年龄组的泰尔指数(表 6 -5)相比,不同单位类型的中老年组收入泰尔指数都很小,表明不同单位类型内部中老年人收入的代际差距远远小于不同地区、不同行业类型的收入代际差距。此外,与表 7 -5中老年组分单位类型的平均年收入表现出的机关事业单位中老年人收入代际差距最小、其他单位类型中老年人收入代际差距最大的特征一致,不同单位类型的中老年人收入泰尔指数大小也是如此:来自其他单位类型中老年组收入泰尔指数(0. 350 3)、组内差距(0. 346 2)和组间差距(0. 004 1)都最大,机关事业单位中老年组收入的泰尔指数、组内差距和组间差距都最小,其他单位类型的中老年组收入泰尔指数、组内差距和组间差距分别是机关事业单位相应数据的 2. 49 倍、2. 52 倍和 1. 29 倍。

中老年人收入的组内差距大于组间差距。不论是各种单位类型的中老年人合计的收入泰尔指数，还是分单位类型的中老年人收入泰尔指数，都表现出组内差距及其贡献率大于组间差距的特征。总体而言，各种单位类型合计的全体中老年人收入组内差距贡献率为99.82%，组间差距的贡献率仅为0.18%。分单位类型看，来自企业的中老年人收入组内差距最大，组内差距对泰尔指数的贡献率高达104.30%，[①]来自其他单位类型的中老年人收入组内差距次之，来自机关事业单位中老年人收入组内差距的贡献率相对最小。即便如此，机关事业单位中老年人收入组内差距对泰尔指数的贡献率也在95%以上（表7－12）。

表7－12　不同单位类型的中老年组收入泰尔指数

单位类型	组内差距 T_w			组间差距 T_b	泰尔指数 T	贡献率/%	
	中年组	老年组	组内合计			组内	组间
机关事业	0.064 2	0.073 3	0.137 5	0.003 2	0.140 7	97.73	2.27
企业	0.072 6	0.154 0	0.226 6	－0.009 3	0.217 3	104.30	－4.30
其他	0.084 4	0.261 8	0.346 2	0.004 1	0.350 3	98.82	1.18
合计	0.089 1	0.128 6	0.217 7	0.000 4	0.218 1	99.82	0.18

在组内差距方面，老年组普遍大于中年组。在中年组和老年组收入的组内差距构成方面，总体而言，老年组收入的组内差距为0.128 6，对泰尔指数组内差距的贡献率为59.07%，中年组收入对组内差距的贡献率为40.93%。分单位类型看，机关事业单位老年组收入的组内差距（0.073 3）对泰尔指数组内差距的贡献率最小（53.31%），企业老年组收入的组内差距对泰尔指数组内差距的贡献率居中，来自其他单位类型的老年组收入组内差距对泰尔指数组内差距的贡献率最大。

① 将该贡献与组间差距结合起来看，可以发现来自企业的老年被访者获得的收入占来自企业中老年被访者收入的比例，低于老年被访者占中老年人口的比例，即来自企业的老年组收入所占比例低于人口对应的比例，由此导致收入比例与人口比例之比小于1，对其取对数时小于0。

7.3.2　男性中老年人收入的泰尔指数

男性中老年人收入代际差距在不同单位类型间差异明显。总体而言，男性中老年人收入的泰尔指数为 0.199 7。分单位类型看，来自其他单位类型的男性中老年人收入泰尔指数最大(0.458 4)，来自企业的男性中老年人收入泰尔指数次之，来自机关事业单位男性中老年人收入的泰尔指数最小。换言之，来自其他单位类型的男性中老年人收入代际差距最大，来自机关事业单位男性中老年人收入的代际差距最小。从不同单位类型中老年人收入代际差距的倍数看，来自其他单位类型的男性中老年人收入代际差距是总体男性中老年收入代际差距的 2.30 倍，是来自机关事业单位和企业男性中老年人收入代际差距的 4.29 倍和 2.16 倍(表 7－13)。

男性中老年收入的组内差距大于组间差距。男性中老年人收入的组内差距(0.204 8)是组间差距的 39.38 倍，特别是来自其他单位类型的男性中老年人收入组内差距是组间差距的 139.91 倍。此外，无论是男性中老年人总体收入的组间差距，还是不同单位类型的男性中老年人收入的组间差距，都表现出组间差距为负值的特征。结合泰尔指数的组间差距计算过程，可以发现在男性群体内部，老年人获得的收入规模与人口规模不成比例，普遍存在男性老年组获得的收入占总收入的比例，低于男性老年组占男性人口的比例，即男性老年组的收入和人口所占份额之比小于 1，取对数后得到负值。该负值在与组内差距合计时，具有降低泰尔指数的作用。

表 7－13　不同单位类型中老年男性收入的泰尔指数

单位类型	组内差距 T_w			组间差距 T_b	泰尔指数 T	贡献率/%	
	中年组	老年组	组内合计			组内	组间
机关事业	0.034 0	0.074 5	0.108 5	－0.001 6	0.106 9	101.54	－1.54
企业	0.062 2	0.163 5	0.225 7	－0.013 8	0.211 8	106.52	－6.52
其他	0.150 7	0.311 0	0.461 7	－0.003 3	0.458 4	100.73	－0.73
合计	0.071 6	0.133 3	0.204 8	－0.005 2	0.199 7	102.59	－2.59

老年组的组内差距普遍大于中年组的组内差距。从中老年人收入的组内差距看,老年组收入的组内差距为0.074 5～0.311 0,中年组收入的组内差距为0.034 0～0.150 7,老年组收入的组内差距是中年组收入组内差距的1.86～2.63倍,这表明男性老年组内部的收入差距大于男性中年组内部的收入差距,这在来自企业的男性中老年人收入特征中最明显。

7.3.3 女性中老年人收入的泰尔指数

在女性中老年人收入的泰尔指数方面,除了具有男女总体和男性泰尔指数所具有的收入代际差距较小、在不同单位类型间差异明显、组内差距大于组间差距、老年组的组内差距普遍大于中年组等特征外,与男性相比,女性泰尔指数具有以下三个特点。

一是男女总体及分单位类型的收入泰尔指数大小不一。与男性中老年人收入泰尔指数相比,女性总体中老年人收入泰尔指数(0.218 0)和机关事业单位中老年人收入泰尔指数(0.133 5)略大于男性,来自企业和其他单位类型女性中老年人收入的泰尔指数小于男性,男女中老年人收入泰尔指数的差距微乎其微(表7－13和表7－14)。

表7－14　不同单位类型40～79岁女性收入的泰尔指数

单位类型	组内差距 T_w			组间差距 T_b	泰尔指数 T	贡献率/%	
	中年组	老年组	组内合计			组内	组间
机关事业	0.053 9	0.075 2	0.1291	0.004 4	0.133 5	96.70	3.30
企业	0.071 6	0.133 4	0.204 9	－0.178 6	0.026 3	779.74	－679.74
其他	0.133 7	0.223 8	0.357 5	0.007 6	0.365 0	97.93	2.07
合计	0.092 9	0.121 4	0.214 3	0.003 7	0.218 0	98.31	1.69

二是女性中老年人收入的组间差距大于男性。比较表7－13和表7－14可见,不同单位类型的女性泰尔指数组间差距都略大于男性,与之对应的组间差距对泰尔指数的贡献率大于男性。其中,来自企业女性的组间差

距(-0.178 6)是来自企业男性组间差距的12.94倍,在三个不同单位类型中收入性别差距最大;来自机关事业单位女性中老年人收入的组间差距(0.004 4)是机关事业单位男性中老年人收入组间差距的2.75倍,即使是来自其他单位类型女性中老年人收入的组间差距与来自其他单位类型男性中老年人收入的组间差距最小,女性组间差距仍然是男性的2.30倍,女性组间差距的贡献率随之大于男性。

三是男女中老年人收入的组内差距大小不一。除了其他单位类型外,不同单位类型的女性中年组收入组内差距大于男性中年组收入组内差距。其中,来自机关事业单位和企业的中年女性收入组内差距分别比同类男性的相应数据大0.019 9和0.009 4,女性中年组总体的收入组内差距比男性总体的收入组内差距大0.021 3,由此可见,绝大部分中年组女性的收入组内差距比男性更大。此外,与男性中老年组收入组内差距相比,虽然女性老年组的收入组内差距不同程度地大于中年组,但是除了来自机关事业单位的女性老年组外,来自企业、其他单位类型及女性总体老年组收入的组内差距小于同类男性的相应数据。一方面,表明绝大部分女性老年组的收入差距较小;另一方面,印证了女性老年组收入普遍偏低的问题。

7.4　本章小结

第一,不同单位类型中老年人收入水平差距较大。机关事业单位中老年人在低收入组和中等收入组的平均收入,分别比企业和其他单位类型的中老年人平均收入要高。

第二,不同单位类型中老年人收入的泰尔指数差异明显。收入与年龄显著负相关,各类单位中老年人收入代际差距明显。老年组收入的组内差距普遍大于中年组收入的组内差距。分单位类型看,来自企业的中老年人收入组内差距最大;在组内差距方面,老年组收入的差距普遍大于中年组收入的差距。机关事业单位中老年人收入代际差距最小,其他单位类型的中老年人收入代际差距最大。

第三,不同单位类型中老年人收入的性别差距明显。来自不同单位类型的男性中老年人平均收入均高于同类女性中老年人收入,男性中老年人收入代际差距大于女性中老年人收入的代际差距。男大女小的收入代际差距主要与女性中年组收入水平偏低有关。从泰尔指数看,男性中老年人收入组内差距大于组间差距,男性收入组间差距在不同单位类型间差异明显。女性总体中老年人收入泰尔指数和机关事业单位泰尔指数略大于男性,来自企业和其他单位类型女性中老年人收入的泰尔指数小于男性中老年人收入的组间差距。此外,女性中老年人收入的组间差距大于男性中老年人收入的组间差距。

第8章

研究结论与对策建议

8.1 主要结论

本研究根据我国社会经济发展特征、收入差距状况的变化趋势及已有的相关研究，在对以往居民收入影响因素进行比较、完善的基础上，进行了研究框架设计和整体研究假设提出。为了探寻离退休老年人与在职职工收入的代际差距变化趋势，本研究根据1980～2005年权威的职工工资和离退休金数据，对该收入的代际差距进行了历时性分析。为了验证关于中老年人收入影响因素的研究假设，对1990年、2010年中国妇女社会地位调查数据进行了实证分析和模型检验。同时，基于以往居民收入差距研究中广泛使用的地区差距和行业差距研究模式，以及回归模型中地区差距和行业差距的显著影响，首先分析了京津沪地区、东部地区、中部地区和西部地区中老年人收入的代际差距，此后，对分行业类型以及机关事业单位、企业、其他单位类型的中老年人收入代际差距进行了对比分析，主要得出了以下研究结论。

第一,对宏观统计数据分析发现,1980～2015年离退休、退职费和职工平均工资在2006～2015年的年均增长幅度,大于1980～2005年的年均增长幅度,离退休人员收入与在职职工收入的代际差距不断增大,特别是在2006年以来,人均养老金不及在职职工人均工资的一半,收入代际差距过大。在机关事业单位和企业及其他单位退休人员退休金收入差距扩大的情况下,企业退休金连续“十二连涨”政策成效显著。

第二,对微观调查数据研究发现,1990～2010年,我国城镇中老年组收入普遍提高,在收入提高幅度方面,中年组高于老年组,男性中老年组高于女性中老年组,中老年组收入的性别差距和代际差距都在扩大。20年来,老年女性收入的提高程度最低,老年女性收入双重弱势地位非常明显,回归模型也验证了老年女性无论与老年男性相比,还是与中年女性相比,都容易处于收入双重弱势地位。分区域看,中部和西部地区老年女性收入偏低、代际差距较大。在2010年零收入者的性别和年龄构成中,老年女性接近60%,零收入和处于低保线以下老年女性的收入双重弱势特征更加突出。

第三,由泰尔指数的测量结果可见,中老年人收入的代际差距不断拉大。2010年的泰尔指数比1990年有所提高,中老年人收入代际差距呈不断拉大的趋势,既表现在代内差距方面,又表现在代际差距方面。其中,1990～2010年同一出生队列和分行业类型的中老年人收入代际差距主要表现为组间差距,而分区域、分单位类型的中老年人收入代际差距主要表现为组内差距。

第四,多元线性回归研究发现,1990～2010年,性别对1931～1950年出生队列的收入影响显著,与男性相比,女性收入水平始终低于男性,呈现收入性别差距的广泛性、持久性、累积性特征。年龄对中老年人收入的影响经历了先降低后提高的“U”形变化过程。控制变量中工作状态、区域、单位性质等对收入的影响最为显著。回归结果既验证了研究假设,也为进行老年女性收入双重弱势理论的创新奠定了坚实的基础。

第五,对分地区中老年人收入研究发现,京津沪中老年人收入最高,中部地区中老年人收入最低。即使经过 20 年发展,中部地区低收入状况依旧,表明中部地区低收入特征具有持久性、稳定性,消除收入地区差距的工作任重道远。分年龄组看,老年组收入的地区差距大于中年组,各地区中年组收入性别差距均有不同程度扩大,中年组收入性别差距在不同地区增减各异,其中,京津沪和西部地区中年组收入性别差距缩小,东部和中部地区性别差距分别扩大。分性别看,女性中老年人收入泰尔指数和组内差距均大于男性,老年人收入的组内差距大于中年人。中部地区老年女性平均收入最低,西部地区老年女性收入的代际差距和性别差距最大。

第六,对分行业类型中老年人收入研究发现,1990 ~ 2015 年,分行业中老年人收入持续提高,行业间收入差距越来越大。分年龄组看,不同行业类型的中老年人收入均与年龄显著负相关,高收入行业和低收入行业老年组平均收入分别占同行业类型中年组收入的 76. 87% 和 81. 00% 。中老年人收入泰尔指数的行业差异较大,组间差距及其贡献率远远大于组内差距。分性别看,不同行业类型间老年组收入性别收入差距较小,女性老年组收入的代际差距小于男性。与中老年男性相比,中老年女性总体及分行业类型的收入泰尔指数均小于中老年男性。

第七,对分单位类型中老年人收入研究发现,不同单位类型的中老年人收入水平差距较大,机关事业单位中老年人平均收入最高,其他单位类型的中老年人收入最低。分年龄组看,各种单位类型的老年组收入普遍低于中年组,机关事业单位中老年人收入的代际差距最小,其他单位类型的中老年人收入代际差距最大。分性别看,来自不同单位类型的男性中老年人平均收入均高于同类女性中老年人收入,在不同单位类型的中老年人收入代际差距方面男性大于女性,其原因主要与女性中年组收入水平偏低有关。

8.2 收入差距扩大带来的影响

以上分析表明,随着社会经济发展和居民收入水平的不断提高,老年组人均离退休金与在职人员人均工资之间的代际差距不断扩大,中部地区老年女性收入最低,西部地区老年女性与中年女性及老年男性收入的代际差距、性别差距最大。收入差距的持续扩大将影响老年人生活水平,危害社会稳定和阻碍经济发展。

有学者指出,收入差距过大正逐渐成为困扰经济和社会发展的重要问题(张车伟,2005),不但影响经济发展,也会影响社会稳定,最终在经济发展效果上表现为大分化,并对经济的持续增长、社会公正与稳定提出挑战(蔡昉,2008;王小鲁、樊纲,2005)。在过去20多年中,我国收入差距不断扩大引起了社会公众的普遍担忧,收入分配领域中不公平的现象也引起公众不满,对当前和谐社会建设产生了负面影响(李实,2007)。偏低的老年人收入水平、不合理的中老年人收入代际差距,将在一定程度上给老年人的生活水平和生活质量带来一定挑战。特别是对于零收入老年女性而言,因"一直/长期在家料理家务"而造成零收入的比例超过六成,老年女性曾经为照料孩子、老人、患者而操劳一生,但是由于家务劳动的社会价值得不到社会认可,在养老金与参加社会生产劳动密切关联阶段,老年女性很容易陷入零收入或低收入状态。

党的十八大报告在改善民生、加强社会建设方面,提出要千方百计增加居民收入和低收入者收入,初次分配和再分配都要兼顾效率和公平,再分配更加注重公平。党的十九大报告进一步提出,保障和改善民生要抓住人民最关心、最直接、最现实的利益问题,坚持按劳分配原则,促进收入分配更合理、更有序,完善公共服务体系,全面建成多层次社会保障体系。坚持男女平等基本国策,保障妇女儿童合法权益,健全老年人关爱服务体系。

在坚决打赢脱贫攻坚战中，坚持精准扶贫、精准脱贫，让贫困人口和贫困地区同全国一道进入全面小康社会。

党的十九大报告在提高居民收入、实现精准脱贫、保障妇女权益、关爱老年群体方面提出了明确要求。继续采取有力措施，缩小不合理的中老年人收入代际差距和性别差距，对于全面建成小康社会、提高人民的获得感、幸福感、安全感至关重要。

8.3 缩小收入差距的对策建议

8.3.1 为低收入老年人提供经济保障

第一，强化党委和政府督查责任意识。各级党委和政府要进一步强化对提高女性老年人收入的重要性与紧迫性的认识，切实落实党委、政府一把手负总责的扶贫工作责任制。

第二，在精准脱贫过程中，对家庭人均收入属于低保线以下的低收入、零收入老年人进行精准识别，了解贫困状况，分析致贫原因，摸清帮扶需求，明确帮扶主体，告知帮扶政策，为低收入老年人建档立卡，提供稳定收入来源。

8.3.2 提高中西部地区老年女性收入

第一，重点关注中西部地区老年女性收入偏低问题。针对中西部地区老年女性收入水平最低、收入状况最差的状况，在实现中部崛起、西部大开发过程中，坚持男女平等基本国策，健全老年人关爱服务体系，为中部和西部地区老年女性提供必要的社会保障。

第二，增加中西部地区老龄事业经费。随着经济不断发展，在国家和各级财政预算中逐步增加消除中西部老年人贫困问题的专项财政经费，切实加大对低收入老年人特别是老年女性优待的经费支持。

8.3.3 提高企业及其他单位的退休金水平

为了有效促进老年人共享经济社会发展成果，建议继续采取有力措施，提高企业及其他单位类型的退休金水平。

第一，继续保持企业退休金连涨态势。自2006年以来实施的企业退休人员养老金“十五连涨”政策，对于缩小企业与机关事业单位退休金差距、缩小企业退休人员与在职人员的收入差距发挥了重要作用。建议继续保持企业退休金连涨态势，进一步缩小中老年人收入的行业差距、代际差距。

第二，加大对其他单位类型退休金的调研力度，及时制定并实施提高其他单位类型退休金的政策，通过缩小退休金在不同单位类型的差距，提高退休金整体水平，缩小退休人员与在职职工收入的代际差距，并将该代际差距控制在合理范围内。

8.4 创新与展望

8.4.1 创新之处

(1)理论创新

一是提出中老年人收入代际差距理论。在以劳动作为收入的主要来源条件下，无论是使用宏观统计数据，还是使用微观调查数据，无论在全体中老年被访者中，还是在分区域、分行业、分单位类型中老年被访者中，普遍存在中年组收入高于老年组的情况，本研究称之为中老年收入代际差距理论。

二是提出老年女性收入双重弱势理论。由于老年女性在收入方面同时受年龄劣势和性别劣势的双重影响,无论与中年女性相比还是与老年男性相比,老年女性在收入方面都容易陷入性别、年龄的双重弱势地位,本研究称其为老年女性收入双重弱势理论。

(2)技术创新

泰尔指数(Theil index)是用来衡量个人之间或者地区之间收入差距的指标,其最大优点是衡量组内差距和组间差距对总差距的贡献。本研究通过将泰尔指数引入老年学研究领域,并以此为测量工具研究中年组和老年组收入的代际差距,对于拓展泰尔指数运用领域、推动老年学运用经济学指标进行收入差距研究发挥了一定作用。

(3)内容创新

一是本研究展示了中老年人收入代际差距、性别差距的状况及其不断扩大的发展趋势。1980 ~ 2005 年,退休人员与在职人员收入的代际差距不断扩大,平均离退休金占在职职工工资的比例由 93. 70% 降至 58. 60%;2006 ~ 2015 年,平均离退休金占在职职工工资的比例由 51. 00% 降至 45. 53%。

二是呈现了老年女性零收入比例偏高、中西部老年女性收入差距偏大问题。与 1990 年同一出生队列在中年阶段的零收入比例相比,2010 年该队列进入老年阶段后零收入比例增加了 8 个百分点,老年女性零收入比例提高了近 13 个百分点。在 2010 年零收入被访者中,老年女性超过 60%。同时,中部地区老年女性平均收入最低,西部地区老年女性收入代际差距最大。

8. 4. 2　本研究的进一步工作

(1)不足之处

一是所用调查数据的限制。虽然 1990 年和 2010 年中国妇女社会地位调查均为大样本、全国性调查,数据的代表性和调查质量均较好,但是,由

于1990年调查的年龄上限是64岁，本研究无法对当时老年人收入的代际差距变化趋势进行比较分析。

二是泰尔指数无法对零收入被访者进行分析。泰尔指数的计算过程需要对收入进行对数运算，由于零没有对数，因此，本研究在泰尔指数计算中，只好将零收入被访者剔除，这样泰尔指数将会减小，由泰尔指数反映的代际差距可能略小。尽管如此，由泰尔指数反映的中老年人收入代际差距的扩大趋势依然明显。

(2)研究展望

一是加强对中老年人收入的历时性调研。由于中老年人收入代际差距的变化可能受到多种因素的影响，变化过程历时时间较长，因此，对中老年人收入进行历时性、跟踪性调查，对于进一步研究居民收入代际差距问题，将起到数据资料的支持作用。

二是不断改进泰尔指数的研究方法。基于本研究首次将泰尔指数引入老年学研究领域，在零收入的代际差距研究中，泰尔指数尚无法胜任。因此，根据老年学的研究特点对泰尔指数进行合理完善，对于发挥泰尔指数优势，拓展泰尔指数的运用范围，促进老年学、老年人收入研究将具有重要作用。

三是验证本研究所提的理论假说。基于以往以及本研究发现，创新性地提出了中老年人收入代际差距理论和老年女性双重弱势理论，该理论是否具有普遍意义，还有待进一步的研究与检验。

参考文献

[1]阿伯特·德·拉得. 退休金是延期支付的工资[J]. 美国经济研究,1913(2):287.

[2]阿齐兹·拉曼·卡恩,基斯·格里芬,卡尔·李思勤. 中国居民收入分配研究[M]. 赵人伟,译. 北京:中国社会科学出版社,2007.

[3]罗莎·库特琳,梁光严. 巴西低收入家庭中的年轻世代依赖老年人现象[J]. 国际社会科学杂志(中文版),2011(3):105－115＋7＋10.

[4]蔡昉. 构建民生为先的中等收入社会[J]. 中国党政干部论坛,2008(1):29－31.

[5]蔡昉,都阳. 中国地区经济增长的趋同与差异——对西部开发战略的启示[J]. 经济研究,2000(10):30－37.

[6]蔡骥. 城市老年人收入的性别差异与性别差别[J]. 北京师范大学学报(社会科学版),2007(3):126－131.

[7]陈宗胜. 经济发展中的收入分配[M]. 上海:上海人民出版社,1991.

[8]陈宗胜,周云波. 再论改革与发展中的收入分配——中国发生两

极分化了吗？［M］. 北京:经济科学出版社,2002.

［9］第三期中国妇女社会地位调查课题组. 第三期中国妇女社会地位调查主要数据报告［J］. 妇女研究论丛,2011(6):5-15.

［10］董先安. 浅释中国地区收入差距:1952~2002［J］. 经济研究,2004(9):48-59.

［11］杜鹏. 中国老年人口的基本状况［M］//邬沧萍. 社会老年学. 北京:中国人民大学出版社,1999.

［12］杜鹏. 中国老年人主要生活来源的现状与变化［J］. 人口研究,2003(6):37-43.

［13］杜鹏,丁志宏等. 农村子女外出务工对留守老人的影响［J］. 人口研究,2004(6):44-52.

［14］杜鹏,武超. 1994~2004 年中国老年人主要生活来源的变化［J］. 人口研究,2006(2):20-24.

［15］杜鹏,翟振武,陈卫. 中国人口老龄化百年预测［J］. 人口研究,2005(6):90-93.

［16］杜亚军. 代际交换——对老化经济学基础理论的研究［J］. 中国人口科学,1990(3):24-29.

［17］封进,余央央. 中国农村的收入差距与健康［J］. 经济研究,2007(1):79-88

［18］冯文荣,赖德胜,李由. 中国个人收入分配论纲［M］. 北京:北京师范大学出版社,1996.

［19］高勇. 代际收入关系中的社会公平:测量与解释［J］. 甘肃行政学院学报,2012(2):83-88+128.

［20］葛道顺. 代沟还是代差——相倚性代差论［J］. 青年研究,1994(7):45-48.

［21］龚红娥. 我国城镇居民收入分配差距的实证分析［J］. 市场与人

口分析,2000(6):46-51.

[22]郭丛斌,闵维方. 中国城镇居民教育与收入代际流动的关系研究[J]. 教育研究,2007(5):3-14.

[23]黄泰岩,王检贵. 居民收入差距测量指标体系的选择[J]. 当代经济研究,2000(9):42-47.

[24]韩鹏. 老年人口的收入分配效应研究[D]. 吉林大学,2007.

[25]何立新. 中国城镇养老保险制度改革的收入分配效应[J]. 经济研究,2007(3):70-80.

[26]何娅. 基尼系数:城乡历史政策的解构[J]. 中国国情国力,2007(4):23-27.

[27]侯风云. 中国农村人力资本收益率研究[J]. 经济研究,2004(12):75-83.

[28]胡联合,胡鞍钢. 中国贫富分化对违法犯罪活动的影响[M]//权衡. 收入分配于社会和谐. 上海:上海社会科学院出版社,2006.

[29]胡莹. 中美两国国内收入差距成因的比较分析及启示[J]. 石家庄经济学院学报,2007(6):57-61.

[30]胡志远,欧向军. 基于泰尔指数的江苏省区域差异多指标测度[J]. 经济地理,2007(5):719-724.

[31]黄建钢. 代际模糊:青年正在消失乎?[J]. 中国青年研究,1999(6):39-40.

[32]贾云竹. 中国老年妇女的经济地位状况分析[J]. 浙江学刊,2007(1):207-213.

[33]蒋永萍,杨慧. 妇女的经济地位[M]//宋秀岩. 新时期中国妇女社会地位调查研究. 北京:中国妇女出版社,2013.

[34]孔泾源. 中国居民收入分配:理论与政策[M]. 北京:中国计划出版社,2005.

[35]蓝嘉俊,吴超林,余玲铮. 代际流动约束下生育率与收入不平等关系的国际检验[J]. 财经研究,2017(5):18-30.

[36]老年人收入与健康支出状况研究课题组. 老年人收入与健康支出状况研究——以北京市为例[J]. 管理世界,2008(12):75-82.

[37]黎安安. 意大利加快社会福利制度改革[J]. 社会福利,2005(3).

[38]李德明,陈天勇,吴振云,等. 城市老年人的生活和心理状况及其增龄变化[J]. 中国老年学杂志,2006(10):1314-1316.

[39]李琳. 泰国国内贫困及收入差距问题研究[D]. 华南理工大学,2012.

[40]李培林,张翼. 中国中产阶级的规模、认同和社会态度[J]. 社会,2008(2):1-19.

[41]李强. 中国居民收入差距研究与展望[J]. 新视野,1998(4):40-43.

[42]李若建. 职业背景对老年人生活的影响及养老模式的选择再分析[J]. 中山大学学报(社会科学版),2007(6):93-97.

[43]李实. 对基尼系数估算与分解的进一步说明——对陈宗胜教授评论的再答复[J]. 经济研究,2002(5):84-87.

[44]李实. 收入分配与和谐社会[J]. 中国人口科学,2007(5):6-9.

[45]李实,丁赛. 中国城镇教育收益率的长:变动趋势[J]. 中国社会科学,2003(6):58-72.

[46]李实,罗楚亮. 缩小收入差距,建立公平的分配制度[M]//国家统计局人口和就业司. 2005 年全国 1% 人口抽样调查课题论文集. 北京:中国统计出版社,2008:434-461.

[47]李实,罗楚亮. 中国城乡居民收入差距的重新估计[J]. 北京大学学报(哲学社会科学版),2007(2):111-120.

[48]李实,马欣欣. 城镇职工的性别工资差异与职业分割的经验分析[J]. 中国人口科学,2006(5):1－13.

[49]李实,邱希明. 中国个人收入差距的最新变化[M]//孔泾源. 中国居民收入分配:理论与政策. 北京:中国计划出版社,2005:96.

[50]李实,王亚柯. 中国东西部地区企业职工收入差距的实证分析[J]. 管理世界,2005(6):16－26.

[51]李实,魏众,丁赛. 中国居民财产分布不均等及其原因的经验分析[J]. 经济研究,2005(6):4－15.

[52]李实,张平,魏众,等. 中国居民收入分配实证分析[M]. 北京:社会科学文献出版社,2000.

[53]李实,赵人伟. 收入差距还会持续扩大吗[J]. 中国改革,2006(7):44－46.

[54]李实,赵人伟. 中国居民收入分配再研究[J]. 经济研究,1999(4):3－17.

[55]李实,赵人伟. 中国居民收入分配再研究[M]. 北京:中国财政经济出版社,1999.

[56]李实,等. 中国居民收入分配实证分析[M]. 北京:社会科学文献出版社,1999.

[57]李翔. 增强代际收入流动 改善分配关系[N]. 中国社会科学报,2013－05－06(A07).

[58]李雪松,詹姆斯·赫克. 选择偏差、比较优势与教育的异质性回报:基于中国微观数据的实证研究[J]. 经济研究,2004(4):91－99.

[59]李颖. 中国农村居民收入差距研究[M]. 北京:中国农业出版社,2005.

[60]联合国经济及社会理事会 .2007 年世界经济和社会概览[M],2007.

[61]梁宏. 广州市老年人的收入差异状况分析[J]. 南方人口,2011(2):24-30+23.

[62]林森,单莉莉. 教育机会平等与低收入阶层代际延续关系分析[J]. 湖湘论坛,2010(5):109-112.

[63]林毅夫,蔡昉,李周. 中国经济转型时的地区差距研究[J]. 经济研究,1998(6):3-10.

[64]刘丽. 我国城乡居民收入差距问题研究——基于收入分配与再分配角度的分析[J]. 商业研究,2006(1):108-111.

[65]刘强. 法国居民收入分配状况与政策启示[J]. 经济研究参考,2005(38):32-39+22.

[66]刘强. 美国居民收入分配状况与政策启示[J]. 经济研究参考,2005(29):19-24.

[67]刘生龙. 收入不平等与经济增长的关系[J]. 经济科学,2007(3):16-25.

[68]刘树成,李强,薛天栋. 中国地区经济发展研究[M]. 北京:中国统计出版社,1994.

[69]刘志国,范亚静. 教育与居民收入代际流动性的关系研究[J]. 统计与决策,2014(22):101-105.

[70]陆铭,陈钊. 城市化、城市倾向的经济政策与城乡收入差距[J]. 经济研究,2004(6):50-58.

[71]陆益龙. 新农村建设中的农民需求及影响因素——基于2006CGSS的分析[J]. 中国人民大学学报,2008(3):89-96.

[72]牛飞亮. 制度变迁中的城镇居民收入差距分析[D]. 中国人民大学,2000.

[73]彭妮娅. 居民收入差距的测度、影响因素及经济效应研究[D]. 湖南大学,2013.

[74]齐良书．国有部门劳动工资制度改革对教育收益率的影响——对1988~1999年中国城市教育收益率的实证研究[J]．教育与经济，2005(4)：19-25.

[75]钱鑫，姜向群．中国城市老年人就业意愿影响因素分析[J]．人口学刊，2006(5)：24-29.

[76]任红艳．中国城镇居民收入差距适度性研究[D]．首都经济贸易大学，2006.

[77]沈杰．新人类一种社会学的解读[J]．中国青年研究，2001(2)：23-27.

[78]沈汝发．我国"代际关系"研究述评[J]．当代青年研究，2002(1)：51-56.

[79]宋冬林．我国现阶段收入分配问题分析及其理论思考[J]．财经问题研究，1995(8)：12-18.

[80]孙靖，黄海滨．泰尔指数在东、中、西部地区收入差距分析中的应用[J]．商场现代化，2007(11)：51-51.

[81]田青，张水辉．建立合理的企业退休人员基本养老金正常调整机制——以动态合意替代率作为参照系的探讨[J]．人口与经济，2009(1)：78-84.

[82]田香兰．日本老年人的雇佣及收入保障政策[J]．前沿，2009(1)：142-143.

[83]王春光．警惕我国贫富差距的代际传承和趋固化问题[J]．中国党政干部论坛，2006(9)：34-36.

[84]王恩东．地区收入差距的泰尔指数测度[J]．区域经济，2003(1)：40-42.

[85]王海港．中国居民收入分配的代际流动[J]．经济科学，2005(1)：18-25.

[86]王晶,苏中文. 社会性别视角下老年群体经济参与现状分析——基于"第三期中国妇女社会地位调查"吉林省数据分析[J]. 东北师大学报(哲学社会科学版),2013(4):153 –157.

[87]王琳,邬沧萍. 聚焦中国农村老年人贫困化问题[J]. 社会主义研究,2006(2):68 –70.

[88]王梦奎. 中国现代化进程中的两大难题:城乡差距和地区差距[J]. 农业经济问题,2004(5):4 –12.

[89]王树新. 中国老年人口经济与居住生活质量[J]. 人口与经济,1996(2):30 –36.

[90]王树新,马金. 人口老龄化过程中的代际关系新走向[J]. 人口与经济,2002(4):15 –21.

[91]王霞. 我国新阶段的居民收入分配关系测度方法与规范研究[M]//孔泾源. 中国居民收入分配:理论与政策. 北京:中国计划出版社,2005.

[92]王小鲁,樊纲. 中国收入差距的走势和影响因素分析[J]. 经济研究,2005(10):24 –36.

[93]邬沧萍,杜鹏,等. 中国人口老龄化:变化与挑战[M]. 北京:中国人口出版社,2006.

[94]邬沧萍. 社会老年学[M]. 北京:中国人口出版社,1999.

[95]吴玉韶. 中国城市老年人收入的性别差异研究[J]. 老龄科学研究,2014(12):12 –25.

[96]伍小兰. 中国老年人口收入差异研究[J]. 人口学刊,2008(1):54 –58.

[97]谢勇. 人力资本与收入不平等的代际间传递[J]. 上海财经大学学报,2006(2):49 –56.

[98]熊跃. 需要理论及其在老人照顾领域中的应用[J]. 人口学刊,

1998(5):31-40.

[99]徐江善. 七大社会问题困扰中国[J]. 瞭望新闻周刊,2005(3):30-32.

[100]阎卡林. 关于我国一些地区新生儿性比例失调的原因及对策[J]. 人口学刊,1983(4):40-43.

[101]杨东平. 代际冲突和独生子女的一代[J]. 青年研究,1997(12):6-9.

[102]杨慧. 探析城镇老年人收入年龄差异与性别差异[N]. 中国妇女报,2018-02-13(5).

[103]杨开忠. 中国区域经济差异变动研究[J]. 经济研究,1994(12):28-33.

[104]杨强. 我国现阶段个人收入差距性质的判断[J]. 当代经济研究,2004(1):11-14.

[105]杨强,中国个人收入分配问题研究[D]. 福建师范大学,2002.

[106]杨再贵. 企业职工基本养老保险、养老金替代率和人口增长率[J]. 统计研究,2008(5):38-42.

[107]尹恒,龚六堂,邹恒甫. 当代收入分配理论的新发展[J]. 经济研究,2002(8):83-95.

[108]尹恒,李实,邓曲恒. 中国城镇个人收入流动性研究[J]. 经济研究,2006(10):30-43.

[109]苑林娅. 中国收入差距不平等状况的泰尔指数分析[J]. 云南财经大学学报,2008(1):30-37.

[110]张车伟. 人力资本回报率变化与收入差距:“马太效应”及其政策含义[J]. 经济研究,2006(12):59-70.

[111]张车伟. 人力资本与贫困地区的发展[J]. 人口与计划生育,2005(11):17-19.

[112]张军,何永贵．强化政府主导型收入再分配机制的国际借鉴分析[J]．经济体制改革,2004(1):143－145.

[113]张珺．日本收入分配制度分析[J]．当代亚太,2005(4):21－27.

[114]张恺悌．中国女性老年人口状况研究[M]．北京:中国社会出版社,2009.

[115]世界经济年鉴编辑委员会．世界经济年鉴2006/2007．北京:经济科学出版社,2007:181－187.

[116]张平．增长与分享——居民收入分配理论和实证[M]．北京:社会科学文献出版社,2003.

[117]张瑞芹,肖健．老年人健康行为与心理健康关系的调查[J]．中国老年学杂志,2007(8):781－784.

[118]张曙光．关于地区经济差异变动的另一种解释[J]．经济研究,1993(9).

[119]张文娟．中国老年人劳动收入的影响因素及其地区差异[J]．人口研究,2008(6):69－75.

[120]张彦琦,唐贵立,王文昌,等．基尼系数和泰尔指数在卫生资源配置公平性研究中的应用[J]．中国卫生统计,2008(3):243－245.

[121]张永杰,程远忠．第四代人[M]．北京:东方出版社,1988.

[122]张子杨,杨慧．老年妇女收入双重劣势研究——以1926～1950年出生队列为例[J]．人口与发展,2019,25(5):89－98.

[123]赵人伟．收入差距扩大的原因和价值判断[J]．改革,1998(6):75－78.

[124]赵人伟,基斯·格里芬．中国居民收入分配研究(第2版)[M]．北京:中国社会科学出版社,2007.

[125]赵人伟,李实．中国居民收入差距的扩大及其原因[J]．经济研

究,1997(9):19 -28.

[126]中国代际关系研究课题组. 中国人的代际关系:今天的青年人和昨天的青年人——实证研究报告[J]. 人口研究,1999(6):56 -62.

[127]中华人民共和国国家统计局. 国际统计年鉴 2006/2007[M]. 北京:中国财政经济出版社,2007.

[128]钟年. 文化濡化及代沟[J]. 社会学研究,1993(1):75 -80.

[129]周文兴. 中国:收入分配不平等与经济增长——公共经济与公共管理的制度创新基础[M]. 北京:北京大学出版社,2005.

[130]周云. 从调查数据看高龄老人的家庭代际关系[J]. 中国人口科学,2001,增刊:32 -35.

[131]朱旭红. 浙江省老年人收入状况的性别差异[J]. 浙江学刊,2011(2):203 -210.

[132]祝洪娇. 中国现阶段收入分配差距与两极分化问题研究[D]. 中共中央党校,2006.

[133]庄健. 中国居民收入差距的国际比较与政策建议[J]. 宏观经济研究,2007(2):29 -35.

[134]左学金. 序言[M]//权衡. 收入分配与社会和谐. 上海:上海社会科学院出版社,2006.

[135]WORLD BANK . World Bank Database[M]//中华人民共和国国家统计局. 国际统计年鉴 2006/2007,中国财政经济出版社,2007:212.

[136]WU X, XIE Y. Does the market pay off? Earnings inequality and returns to education in urban China[J]//张车伟. 人力资本回报率变化与收入差距:"马太效应"及其政策含义. 经济研究,2006(12):59 -70.

[137]ZHANG J, ZHAO Y. Economic Returns to Schooling in Urban China, 1988 -1999[J]//张车伟. 人力资本回报率变化与收入差距:"马太效应"及其政策含义[J]. 经济研究,2006(12):59 -70.

[138]ADELMAN I , SUNDING D . Economic policy and income distribution in China[J]. Journal of Comparative Economics, 1987, 11(3):444 -461.

[139]ALESINA A, RODRIK D. Distributive politics and economic growth [J]. Cepr Discussion Papers, 1991, 109(2):465 -490.

[140]ALESINA A, PEROTTI R. Income distribution, political instability, and investment[J]. NBER Working Papers, 1993, 40(6):1203 -1228.

[141]Andrés Rodríguez - Pose, Vassilis Tselios. Education and income inequality in the regions of the European Union[J]. SERC Discussion Papers, 2008, 49(3):411 -437.

[142]AOKI, SHUHEI. Aggregate productivity loss and the Theil index of inequality. University Library of Munich, Germany in its series MPRA Paper with number 7407,2008.

[143]BARDASI E, JENKINS S. Income in later life: work history matters. An analysis for Britain using BHPS, Institute for Social and Economic Research, University of Essex,2002.

[144]BARRO R J . Inequality and growth in a panel of countries[J]. Journal of Economic Growth, 2000, 5(1):5 -32.

[145]BECKFIELD J. European integration and income inequality[J]. American Sociological Review, 2006, 71(6): 964 -985.

[146]Roland Benabou. Inequality and growth[J]. Nber Macroeconomics Annual, 1996,11:11 -74.

[147]BOURGUIGNON F. Decomposable income inequality measures [J]. Econometrica, 1979, 47(4): 901 -920.

[148]BRANDOLINI A. Measurement of income distribution in supranational entities: The case of the European Union[EB/OL]. Bank of Italy, 2009 -2 -19, http://www.bancaditalia.it/pubblicazioni/econo/temidi/td07/td623 _ 07;

internal&action = _setlanguage. action? LANGUAGE = en.

[149]BRANDT L, HOLZ A C. Spatial price differences in China: estimates and implications[J]. Economic Development and Cultural Change, 2006, 55(1):43 - 86.

[150]BRYAN K A, MARTINEZ L. On the evolution of income inequality in the United States[J]. Economic Quarterly - Federal Reserve Bank of Richmond. 2008,94(2):97 - 120.

[151]CARD D, DINARDO J E. Skill - biased technological change and rising wage inequality: some problems and puzzles. Journal of Labor Economics, 2002,20: 733 - 83.

[152]CONCEICAO P, GALBRAITH J K. Constructing long and dense time - series of inequality using the Theil index[J]. Eastern Economic Journal, 2000, 26(1):61 - 74.

[153]CONCEICAO P, GALBRAITH J K, BRADFORD P. The Theil index in sequences of nested and hierarchic grouping structures. Working Paper Series,2000. http://papers. ssrn. com/sol3/papers. cfm? abstract_id = 228704

[154]CUNNINGHAM W, JACOBSEN J P. Earnings Inequality within and across gender, racial, and ethnic groups in four Latin American countries[J]. World Bank, Research Working papers. December 2008.

[155]DEININGER K , SQUIRE L. New ways looking at old issues: inequality and growth[J]. Journal of Development Economics, 1998,57 (2):259 - 87.

[156]DE SANTIS G, FERROA I, MARTIKAINEN P. An analysis of income mobility of the Finnish elderly after retirement[J]. European Population Conference 2008, July 9 - 12.

[157]DISNEY R, WHITEHOUSE E. The economic well - being of older

people in international perspective: a critical review[J]. LIS Working paper. 306,2002.

[158]ELVEREN A Y, GALBRAITH J K. Pay Inequality in Turkey in the Neo – Liberal Era: 1980 ~ 2001[J/OL]. http://utip. gov. utexas. edu/papers/utip_49. pdf.

[159]FLEISHER B M, WANG X. Returns to Schooling in China under Planning and Reform[J]. Journal of Comparative Economics, 2005,33:265 – 277.

[160]GORDON J R, DEW – BECKER I. Selected issues in the rise of income inequality/general discussion[R]. Brookings Papers on Economic Activity. Washington,2007,2:169 – 193.

[161]JUHN C, MURPHY K M, PIERCE B . Wage inequality and the rise in returns to skill[J]. Journal of Political Economy, 1993, 101(3):410 – 442.

[162]KEEFER P, KNACK S . Polarization, politics, and property rights: links between inequality and growth[J]. Policy Research Working Paper Series, 2000, 111(1/2):127 – 154.

[163]KHAN A R, RISKIN C . Income and inequality in China: composition, distribution and growth of household income, 1988 ~ 1995[J]. The China quarterly, 1998, 154(154):221 – 253.

[164]KHAN A R, RISKIN C. China's household income and its distribution, 1995 and 2002[J]. The China Quarterly, 2005, 182:356 – 384.

[165]KNOEMA. GINI index. 2018 – 08 – 08. https://knoema. com/atlas/ranks/GINI – index.

[166]KOKUBUN K. Industrial location and economic disparities among states in Malaysia: decomposition analyses by synthesised Theil Index[J]. Journal of International Development Studies,2003,12(1).

[167]LI H, LUO Y. Reporting errors, ability heterogeneity, and returns to schooling in China[J]. Pacific Economic Review, 2004, 9(3):191 -207.

[168]LI, H. Economic transition and returns to education in China[J]. Economics of Education Review, 2003,22: 317 -328.

[169]MATERIA E, CACCIANI L, BUGARINI G, et al. Income inequality and mortality in Italy[J]. European Journal of Public Health, 2005,15(4): 411 -417.

[170]MAURER -FAZIO M, DINH N. Differential rewards to and contributions of, education in urban China's segmented labor markets[J]. Pacific Economic Review, 2004,9:173 -89.

[171]MUKHOPADHAYA P. Trends in total and subgroup income inequality in the Singaporean workforce[J]. Asian Economic Journal, 2003,17(3) : 243 -264 (22).

[172]MURPHY K M, VISHNY S R. Income distribution, market size, and industrialization[J]. The Quarterly Journal of Economics, 1989, 104(3): 537 -564.

[173]OGWANG T. Additional properties of a linear pen's parade for individual data using the stochastic approach to the Gini index[J]. Economics Letters, 2007,(96):369 -374.

[174]PEROTTI R. Political equilibrium, income distribution and growth [J]. Review of Economic Studies,1993,60 :755 -76.

[175]PERSSON T, TABELLINI G. Is inequality harmful for growth? [J]. American Economic Review, 1994,84 (3): 600 -621.

[176]Population Division of the Department of Economic and Social Affairs of the United Nations Secretariat. World Population Prospects: The 2006 Revision[R]. 2007, http://esa. un. org/unpp.

[177]RAO V V B, BANERJEE D S, MUKHOPADHAYA P. Earnings inequality in Singapore[J]. Journal of the Asia Pacific Economy, 2003,8(2):210-228.

[178]RAVALLION M, CHEN S. China's (uneven) progress against poverty[J]. Journal of Development Economics, 2007, 82(1):0-42.

[179]ROGRTS A, JONES K, WHITBOURNE S. Body image, aging, and identity in three generations of women[J]. The Gerontologist, 2004,44(1):46.

[180]RUPP K, STRAND A, DAVIES P S. Poverty among elderly women: assessing SSI options to strengthen social security reform[J]. The Journals of Gerontology Series B: Psychological Sciences and Social Sciences, 2003, 58(6):S359-S368.

[181]SHORROCKS A, WAN G. Special decomposition of inequality[J]. Journal of Economic Geography,2005,5(1):59-82.

[182]STEINBUCH P. Changes in income inequality: Gini coefficient versus the Theil index in estimating potential effects of the proposed Fair Pay Act[J]. The Business Review, Cambridge, 2007,7: 8-13.

[183]TOMUL E. Measuring regional inequality of education in Turkey: an evaluation by Gini index[J]. Procedia - Social and Behavioral Sciences, 2009, 1(1):949-952.

[184]United Nations Department of Economic and Social Affairs. World Population Ageing 2007[R]. https://www.un.org/en/development/desa/population/publications/pdf/ageing/WorldPopulationAgeingReport2009.

[185]United Nations Development Programme. 2007/2008 Human Development Report[R]. http://hdrstats.undp.org/indicators/147.html. 2009-2-19.

[186]World Bank. World Development Indicators 2007. CD-ROM.

Washington D. C.

[187]YANG D T. Determinants of schooling returns during transition: Evidence from Chinese cities[J]. Journal of Comparative Economics, 2005, 33(2):244-264.

[188]ZHANG X P, KANBNR R. What difference do polarization measures make? an application to China. Journal of Development Studies, 2001,37(3):85-98.

后　　记

无数个夜以继日，多少个通宵达旦，截至2009年4月9日，我的博士论文终于画上了圆满的句号。在论文完成之际，无限感慨、感激与感恩之情涌上心头。

首先向我导师杜鹏教授致以深深的谢意。在我攻读博士学位的三年时间里，导师渊博的学识、精辟的见解、谦和的为人和换位思考的处世态度，无不使我受益匪浅。我在硕士研究生学习阶段，吕红平教授和王金营教授及其他老师对我的培养，使我能够以优异的成绩考入中国人民大学。但是，当我初来人民大学并置身于名师云集、强手如林的学术殿堂时，原本自信的我备感拘谨卑微。杜老师的鼓励与放手锻炼，使我能够在专业学习、课题研究、学术会议以及为人处世等方面得以综合提升。每当我遇到困难时，不管导师多么繁忙，都会给我悉心指导，不断加深我对"听君一席话，胜读十年书"的感悟。无论是科研能力的每一个进步，还是综合素质的每一次提升，都倾注了导师的大量心血。

导师对我有关"开篇有气势，论据要权威，论点要鲜明，文章有创新"的指导，使我能在论文和课题方面取得顺利进展。同时，在我快速发表多篇论文阶段，杜老师又给予了科研中厚积薄发、修改时精益求精、发文前如履薄冰的忠告，导师的告诫对于我在科研中找准目标、把握方向、提升质量发挥了至关重要的作用。博士论文从选题到定稿，凝聚了导师的许多心血。杜老师以敏锐的学术眼光、精辟独到的见解、严谨的治学态度以及孜孜不倦的工作热情与宽厚谦和的人格魅力，时时感染、感动并激励着我不断努力。在杜老师的指导下，我顺利走过了充满艰辛而又自豪的学术之路，攻坚时的困苦和攻坚后的喜悦，充分体现了学术钻研的无限魅力！

感谢邬沧萍教授对我的指导。从开题到预答辩，德高望重、平易近人的邬老师给了我诸多帮助。即使是在邬老师86岁生日之际，仍然不忘为我的博士论文提出高屋建瓴的指导意见。此外，邬老师在做完《关于国际金融危机与积极应对老龄化》报告后，依然关切地问我该报告是否对我写博士论文有帮助。邬老师，谢谢您对我的关心与指导。

感谢陈卫教授、刘爽教授在定量分析和定性研究方面对我的教导，使我能够有效对原始数据进行系统分析并提出有针对性的对策建议。感谢张文娟老师在我的论文框架和写作过程中提出的宝贵意见，张老师的优秀博士论文为本研究提供了独特帮助。感谢姚远教授、顾宝昌教授、段成荣教授、杨菊华教授、姜向群教授、孙鹃娟教授、宋健教授和唐丹老师等在开题报告和预答辩时提出的宝贵意见和建议。感谢香港岭南大学陈章明教授、Florence博士、Helen女士及其他Apias、OSL的全体同事与好友在我香港学习交流期间的全方位帮助。

感谢张航空师弟、贾云竹师姐以及袁小波、出和晓子、梁淑敏和林宝同学在我论文写作过程中的交流与探讨，特别感谢师妹任兰兰、杜声红在参考文献和日常事务性工作中给予的大力支持。是各位同学与师弟、师妹的积极帮助，伴我度过了漫长而艰辛的求学历程。

我很高兴能够拥有幸福美满、温馨浪漫的家庭。多年来，我的父母、公婆、先生和儿子一直在默默地支持我：当我仅能在父亲临终前才赶至父亲身边时，父亲浑浊的眼睛奇迹般明亮起来，始终拉着我的手、因失语而只能微微点头。父亲去世后，母亲在女儿无法陪伴的情况下，独自承担丧亲之痛。为了让我安心学习，婆婆多次犯心脏病住院都未曾惊动我，母亲因我没有时间看望、照顾病重的婆婆，自己买好礼品代女看望，无限母爱深藏其中。

在我从硕士到博士的六年求学生涯中，我的先生张玉池先生独自承担了家庭经济负担，并在我住校学习的三年时间，独自承担了照管孩子生活、辅导孩子学习的全部责任。此外，先生还给了我很多生活照顾、精神鼓励和心理安慰。在我仅能每周为先生和孩子做一两次晚餐时，先生会笑着说："谢谢你为我们准备这么丰盛的晚饭！"或者不无歉意地问："准备这顿饭花了你多长时间？"先生对我忙碌的学习和研究非常理解和支持，也尽量不让家务劳动占用我的宝贵时间。其实，我很想做老师的好学生、父母的好孩子、公婆的好儿媳、爱人的好妻子、儿子的好母亲，但是，学习与家事常常让我左右为难。每当我在学习、科研和贤妻良母、陪伴父母之间难于抉择时，先生总是说："你忙你的吧，家中还有我们呢！"一句句虽朴实无华却感人至深的话语，一件件极其平凡却难以忘却的小事，无不包含了父母、公婆和先生对我的挚爱与支持。

感谢我十岁的儿子。年幼的儿子深知我时间宝贵，不再期望我能够带他出去玩耍，相反，他会主动帮我做事。因我无暇出门购物，便经常差遣儿子买菜或购买其他日常用品，以至于儿子总会习惯性问我："妈妈，需要我放学后买什么东西回来吗？"此外，每当儿子想和我说话时，总是先问一声："妈妈，您把这段写完后，我跟您说句话行吗？"懂事的儿子还会在我疲惫之际，为我揉揉肩、捶捶背。每当此时，我既会因儿子的懂事而欣慰，又会因不能陪伴儿子而内疚！

是老师的悉心指导、亲友的无私相助，才使我顺利地完成学业，完成博士论文。谨以本论文献给我的师长和家人，并以此表达我最诚挚的谢意和崇高的敬意!

基于博士论文及相关研究成果,2009 年我在中国人民大学获得首届“学术之星”荣誉称号;2012 年获得第四届中国妇女研究会妇女/性别研究优秀博士学位论文三等奖。近年来,已形成多篇研究内参及被全国妇联采纳的“两会”提案议案稿,多篇研究成果获得党和国家领导人的重要批示,部分研究成果被人力资源和社会保障部等相关部门采用,较好地实现了研究成果转化。

从博士论文成文至今已有十年,伴随经济社会发展、收入水平提高以及相关调查数据的增加,使用最新统计数据和相对较长周期的微观调查数据对中老年人收入进行系统研究成为可能,于是我对博士论文进行了以下四个方面的修改。

第一,使用 2006 ~ 2015 年中国劳动统计年鉴的相关数据,延伸了对退休人员与在职人员收入代际差距的研究。第二,使用全国妇联和国家统计局 1990 年、2010 年中国妇女社会地位调查数据,对博士论文中使用 1995 ~ 2005 年所做的相关研究进行了内容更新。第三,在对博士论文修改过程中纳入社会性别视角,比较了分区域、分行业、分单位类型的中老年人收入性别差距,丰富了研究内容。第四,为了更好地聚焦中国城镇中老年人收入研究,厘清行业和单位类型的区别,展示好分行业中老年人收入代际和性别差距的特征,专门用“分行业中老年人收入研究”替换了博士论文的“国际比较中美国和意大利老年人收入代际差距”。

此次对博士论文的修改与出版,既离不开我的博士导师和单位领导的支持和帮助,也离不开先生、孩子对我的关心和照顾。此外,人民大学李婷副教授对 APC 模型的使用提供了技术支持,中华女子学院的实习生韩丹、甄雅静两位同学也对本书稿的校对做出了贡献,对此一并感谢!

由于时间和能力所限,对于书中存在不足和疏漏,欢迎批评指正。